belge yayınları

AF869825

Avrupa İnsan Hakları Mahkemesi'ne Dava Götürme Kılavuzu

Kerim YILDIZ
Philip LEACH

Bu bir KİHP ve BİHK yayınıdır
Özgün Adı: "Taking Cases to the European Court of Human Rights"
İngilizce Basımı Büyük Britanya'da Ağustos 2002'de yapılmıştır
Bütün hakları saklıdır

Kürt İnsan Hakları Projesi-KİHP
2 New Burlington Place
London W1S 2HP
Tel : + 44 20 7287 2772
Fax: + 44 20 7734 4927
Email: khrp@khrp.demon.co.uk
http://www.khrp.org

KİHP, İngiltere, Londra'da yerleşik ve kurulmuş olan, bağımsız, politik olmayan, hükümetler dışı bir insan hakları kurumudur. KİHP kamu yararına çalıştığı tescil edilmiş bir vakıftır ve kendisini, ırk, din, cinsiyet, siyasi görüş ve, diğer inanç ve görüşlerine bakılmaksızın Kürt bölgelerinde yasayan herkesin insan olmaktan kaynaklanan haklarını korumaya adamıştır. Kurumu destekleyenler hem Kürt, hem de Kürt olmayanlardan oluşmaktadır.

İngiltere ve Galler Barosu İnsan Hakları Komitesi
10-11 Gray's Inn Square
London WC1R 5JD
Tel: + 44 20 7405 2575
Fax: + 44 20 7831 2430
Email: info@barhumanrights.org.uk
http://www.barhumanrights.org.uk

Baro İnsan Hakları Komitesi (BİHK), İngiltere ve Galler Barosu'nun uluslararası insan hakları koludur. Komite, öncelikle, dünyanın her yerinde avukat ve yargıçların haklarını korumakla ilgili bağımsız bir organ olup, ayrıca, hukukun üstünlüğü ve adil yargılanma hakkına ilişkin uluslararası kabullenilmiş hukuk standartlarını savunmakla da ilgilenmektedir. Baro İnsan Hakları Komitesi, kendi yetki alanı olan İngiltere ve Galler hariç, dünyadaki bütün ülkelere davaları havale edebilmektedir.

Avrupa İnsan Hakları Mahkemesi'ne Dava Götürme Kılavuzu

belge
yayınları

Avrupa
İnsan Hakları Mahkemesi'ne
Dava Götürme Kılavuzu

Kerim YILDIZ - Philip LEACH

Çeviren: H. Zafer Korkmaz

Kürt İnsan Hakları Projesi
İngiltere ve Galler Barosu İnsan Hakları Komitesi

BELGE YAYINLARI
İnsan Hakları Dizisi

Avrupa İnsan Hakları Mahkemesi'ne Dava Götürme Kılavuzu

Kerim YILDIZ - Philip LEACH

Çeviren: H. Zafer Korkmaz

Kapak ve İç Sayfa Düzeni
Ayrıntı Tasarım
(0212 252 46 62 - 63)

Birinci Baskı
Eylül 2003

Baskı ve Cilt
Kayhan Matbaası

BELGE ULUSLARARASI YAYINCILIK
BELGE INTERNATIONAL PUBLISHING HOUSE

Divan yolu Cad. 15/1 Binbirdirek Han Sultanahmet/İstanbul
Tel/Fax: 0212 638 34 58
e-mail: belgeyayinevi@hotmail.com
belgekitapkulubu@yahoo.com

içindekiler

Önsöz

Kürt İnsan Hakları Projesi dava programını 1992'de başlatmıştır. O günden bu yana bu program kapsamlı bir şekilde gelişmiştir. Son iki yıl zarfında İngiltere ve Galler Barosu İnsan Hakları Komitesi (BİHK) ile birlikte, 2002 Nisan'ında Avrupa İnsan Hakları Sözleşmesi'ni onaylayan Ermenistan ve Azerbaycan üzerinde yoğunlaşan bir Avrupa Sözleşmesi Eğitimi ve Dava Destekleme Programı başlatılmıştır. Biz, bu ve bir çok başka bölgeyi odak alan çok sayıda kuruluşla işbirliği içine girmiş bulunmaktayız. Bu proje, Sivil Toplum Kuruluşları'na (STK) ve hukuk uygulayıcılarına, Avrupa İnsan Hakları Sözleşmesi Hukuku, uygulaması ve prosedürü hakkında tavsiye ve yardımlarda bulunmayı amaçlamaktadır.

Bu kılavuz, Sözleşme, Mahkeme başvuru formu ve adlî yardım tarifesi gibi anahtar nitelikteki metinlerin yanı sıra, Avrupa İnsan Hakları Mahkemesi'nin uygulama ve prosedürü hakkındaki yorumları da sunmaktadır. Bu kılavuz, Avrupa İnsan Hakları Mahkemesi'ne davaların götürülmesi ile ilgili pratik önerileri sunmak üzere düzenlenmiş olan ve Ermenistan, Azerbaycan, Türkiye ve Avrupa'nın diğer ülkelerinde süregelmekte olan eğitim seminerlerinin tamamlayıcı bir unsuru olması amacıyla yayınlanmaktadır.

Bu kılavuz, Kürt İnsan Hakları Projesi Direktörü Kerim Yıldız ve Eski Hukuk Direktörü Philip Leach tarafından hazırlanmış olup, KİHP ve BİHK tarafından ortaklaşa yayınlanmıştır. Bu kılavuzun yayınlanması, KİHP'ne süregelen finansal desteklerinden dolayı çok minnettar olduğumuz KİHP'nin fon sağlayıcıları sayesinde mümkün olmuştur. Sözkonusu bölgelerde insan hakları standartlarının geliştirilmesi ve desteklenmesi amacıyla kuruluşlarımız arasında ortak çalışma olanağının çıkmasından duyduğum hoşnutluğu dile getirmek isterim.

Mark Müler
İngiltere ve Galler Barosu
İnsan Hakları Komitesi
Başkan Yardımcısı
Haziran 2003

Giriş

Avrupa İnsan Hakları Sözleşmesi, 1950 yılında Avrupa Konseyi tarafından benimsenen ilk sözleşmedir ve kuruluşun temel ilkeleri ile ayrılmaz bir bütün oluşturmaktadır. Avrupa Konseyi Statüsü'nde zımnen dile getirilen bu ilkeler, çoğulcu demokrasiyi, hukukun üstünlüğüne saygıyı ve insan hakları ve temel özgürlüklerin korunmasını kapsamaktadır.

Avrupa Konseyi ve Sözleşme, İkinci Dünya Savaşı'nın getirdiği ölüm, ıstırap ve yıkımlara kısmî bir cevap olarak ortaya çıkmıştır. "Avrupa'nın Liderleri", bunun "bir daha asla tekrarlanmaması" konusunda "kararlıydılar" ve 5 Mayıs 1949'da Londra'da toplanan on Avrupa ülkesi Avrupa Konseyi'ni kurdular.

O zamandan bugüne, bu kuruluş "üyeleri arasında büyük bir birlik" gerçekleştirmek yönünde çalışmalar yapmaktadır.

Mamafih, Avrupa Konseyi ancak 1989'da Berlin Duvarı'nın yıkılması ile "bütünlüklü" bir Avrupa çağrısını hayata geçirmeye başlayabilmiş ve bu gerçekliğin yansıması olarak da, kuruluş 43 kadar üye devleti kapsar hale gelmiştir; ki, bunların tamamı Sözleşme'yi imzalamıştır.

Avrupa Konseyi'ne girebilmenin koşullarında biri AİHS'nin ve Ek Protokollerinin belli bir zaman çerçevesinde imzalanıp, onaylanmasıdır. Şunu belirtmek gerekir ki, Avrupa Konseyi'ne üye devletlerin çoğu Sözleşme'yi kendi iç hukuk sistemleri ile bütünleştirmişlerdir; bu da, ülke mahkemelerine Sözleşme ve içtihadına atıfta bulunma olanağını sağlamıştır.

Sözgelimi, Birleşik Krallık'ta, İnsan Hakları Yasası (1998) aracılığı ile Avrupa İnsan Hakları Sözleşmesi ülke hukuku kapsamına girmiştir. Ancak yasa 2000 yılına kadar yürürlüğe girmemiştir.

Ayrıca, bir kişinin Sözleşme'yle ilgili bir sorunu yerel mahkemelerde gündeme getirmesi ve yerel olarak yargı kararına bağlanmasını sağlaması Sözleşme'yi etkin kılmak bakımından aslî önemdedir. Bu, insan haklarının korunmasında ulusal hukuka yardımcı olması bakımından bir sistem olarak Sözleşme'nin felsefesini dikkate almak anlamına gelir.

AİHS zamanla evrim geçirmiş ve esas Sözleşme'nin yanı sıra çok sayıda ek protokol yürürlüğe girmiştir ki, bunlar ya yeni haklar eklemiş (1, 4, 6, 7 nolu Protokoller) ya da Sözleşme mekanizmasını geliştirmişlerdir (11 nolu Protokol).

Hatırda tutmak gerekir ki, Sözleşme sürekli evrim geçirmekte olup, bu protokoller (eski) Avrupa İnsan Hakları Komisyonu ve Avrupa İnsan Hakları Mahkemesi'nin içtihatları ile desteklenmektedir. Nitekim bu yıllar boyu bu hakları güçlendirmiş ve geliştirmiştir.

Bir bireyin ulusal hukuk yollarını tükettikten sonra sözleşmeye taraf bir devletin iddia konusu insan hakları ihlaliyle ilgili olarak Strasburg'da şikayet başvurusunda bulunması Sözleşme sisteminin eşsizliğini oluşturmaktadır.

Strasburg mekanizması ulusal mahkemelerin yerine geçmemekte ama daha çok bir şekilde onun uzantısı olmaktadır. Mamafih, şunu vurgulamak gerekir ki, Strasburg organları üst davaları yerel düzeyde ele alan üst hukuk mahkemesi değildir. İnsan haklarının korunması bir sığınak olarak Strasburg'la birlikte ulusal düzeyde temin edilmelidir.

Avrupa İnsan Hakları Sözleşmesinin eşsizliğinin bu şekilde güçlendirilmesi onu diğer uluslararası anlaşmalardan esaslı bir şekilde farklı kılmıştır. Örneğin, "Sözleşmeci Taraflar"ın, "kendi yetki alanları içinde bulunan herkes" (Madde 1) Sözleşme tarafından kapsam içine alındığı için milliyet kavramı konu dışıdır. Örneğin, Loizidou-Türkiye (no 15318/89, 18.12.1996) davasında, başvuru sahibinin mülküne erişimini engelleyen Türkiye, Kuzey Kıbrıs'ı işgal eden Türk askerî güçlerinin eylemlerinin Sözleşme'deki yetki alanı kavramının kapsamına girmediğini iddia etmiştir. Avrupa İnsan Hakları Mahkemesi, Sözleşme'nin 1. maddesinin sözkonusu bireyle bağlantılı olarak Devletin yetki alanını Devlet organ ve makamları kanalıyla kullanması fikrini kapsadığını teyit etmiştir. Mahkeme ayrıca, "askerî eylemin bir sonucu olarak ortaya çıktığında sözleşmeci tarafın sorumluluğu doğar.... Sözleşmeci taraf kendi ulusal torakları dışındaki bir alanda etkin kontrol uygulamaktadır" görüşünü benimsemiştir.

Bunun anlamı, Devletin sadece vatandaşları değil, ister göçmen olsun, ister mülteci ya da turist, devletin yetki alanı içindeki herkesin Avrupa İnsan Hakları Mahkemesi'ne şikâyette bulunabileceğidir. 80'den fazla ülkenin vatandaşından şikâyet alınmıştır, ki bu Sözleşme'ye taraf ülkelerin sayısından fazladır.

Ayrıca şunun da hatırdan çıkarılmaması gerekmektedir: Sözleşme çok sayıda sivil ve politik haklara ilişkindir ve geniş bir alana yayılmış diğer insan hakları Sözleşme kapsamı içinde yer almamıştır. Sözgelimi, çok sayıda sosyal ve ekonomik haklar Avrupa Sosyal Şartı'nın koruması altındadır. (Başka bir Avrupa Konseyi Sözleşmesi)

Bu noktayı belirttik, çünkü Strasburg'daki Mahkeme, her gün iddia konusu adaletsizliklerle (sosyal ve ekonomik sorunlar da dahil) ilgili başvuru seli ile karşılaşmış durumdadır. Bu adaletsizliklerin bir çoğu belki gerçek olabilir, ancak bunlar sıklıkla Sözleşme kapsamı dışındaki sorunlarla ilgilidir ve dolayısıyla reddedilmektedir.

Avrupa İnsan Hakları Mahkemesi'ne yapılan başvuruların miktarını vermek suretiyle Sözleşme sisteminin Avrupa içinde büyüyen önemi ortaya konulabilir: Sözleşme'nin ilk 30 yılında Komisyon'a 10.000'den az şikâyette bulunulmuştur. Ondan sonra, başvuru sayısı hızla artmış, -1995'te 10.201 bildirim alınmış ve 1996'da 2.236'sı Merkez ve Doğu Avrupa ülkeleri ile ilgili olmak üzere 12.143 başvuruda bulunulmuştur. 1996'da 852'isi Merkez ve Doğu Avrupa ülkelerine karşı olmak üzere 4.578 başvuru kayıtlara geçmiştir. 1999'da Mahkeme'de bekleme durumunda olan 47.000 geçici dosya bulunmaktadır. Eylül 2001 itibariyle 18.000 adet beklemede olan kayıtlı dava vardır.

Bu rakamlar insan hakları ihlâllerinin katlandığı anlamına gelmemektedir, ama daha çok Sözleşme bilincinin geliştiğini ve Sivil Toplum Örgütü insan hakları gruplarının yardımıyla bireylerin Strasburg'da daha kolayca davalarının peşine düşebilme imkânına ulaştığını göstermektedir.

1. Avrupa İnsan Hakları Mahkemesi: Sistemi Hakkında Genel Açıklama

(1) Avrupa Sözleşmesi Sisteminin Tanıtımı

- Avrupa İnsan Hakları Sözleşmesi, İkinci Dünya Savaşı'nın hemen arkasından kurulan ve Avrupa'daki kültürel, sosyal ve politik hayatı güçlendirmeyi hedefleyen Avrupa Konseyi'nin ürünüdür.
- Strasburg'da üslenen Avrupa Konseyi'nin bu ürünü ve erken dönem çalışması İkinci Dünya Savaşı sırasında yaşanan ciddî insan hakları ihlâllerine yönelik tepkinin bir parçasıdır.
- Başlangıçta on üye devlet bulunmaktaydı.
- Avrupa Konseyi'nin başat karar organları Bakanlar Konseyi (uygulama organıdır) ve Parlamenterler Meclisi'dir.
- Avrupa İnsan Hakları Sözleşmesi 1950'de benimsenmiş olup, 1953 yılında yürürlüğe girmiştir. Sözleşme, ekonomik, sosyal ve kültürel haklardan çok sivil ve politik hakları koruma niyetini taşımaktaydı. Bu Sözleşme bireysel başvuru hakkını –bireylerin ve kuruluşların davalarını Avrupa İnsan Hakları Komisyonu'na ve sonra da Avrupa İnsan Hakları Mahkemesi'ne götürerek Strasburg süreci yoluyla kendi hükümetlerine karşı çıkma hakkını- ihdas etmiştir.
- Özellikle 1990'larda çok sayıda merkez ve doğu Avrupa ülkelerinin –sözgelimi Bulgaristan, Çek Cumhuriyeti ve Slovakya'nın (1992); Polonya'nın (1993); Romanya ve

Slovenya'nın (1994), Lituanya'nın (1995); Arnavutluk, Andora ve Estonya'nın (1996); Ukrayna, Hırvatistan, Moldova, "eski Yugoslavya Cumhuriyeti'nden" Makedonya ve Latviya'nın (1997), Rusya'nın (1998) ve Gürcistan'ın (1999)- Sözleşmeyi onaylamasıyla Sözleşme sistemi büyük bir ölçüde genişlemiştir. Şu anda Sözleşme'ye imza koyan 43 üye devlet bulunmaktadır.

Protokol 11[1]

- Avrupa İnsan Hakları Sözleşmesi davalarının sistem aracılığı ile işlem görmesi (izlenmesi söz konu olabilecek yerel işlemlere ek olarak) en az 4-5 yılı bulmaktadır.
- Sözleşme'ye ek 11 nolu Protokol'ün yürürlüğe girdiği 1 Kasım 1998 tarihinden itibaren, Komisyon ve Mahkeme'den oluşan iki kademeli sistem ilga edilmiştir. Bu değişikliğin esas amacı işlem sürecini hızlandırmaktır.

Ancak, işliyor mu?

- Kasım 1998'den bu yana Sözleşme davalarındaki yığılma artmaya devam etmiştir. 1999 yılında, bir önceki yılda kayda giren 5.981 başvuruya[2] karşılık, 8.396 başvuru kayıtlara geçmiştir. 1999 yılında Mahkeme 177 davayı karara bağlamış, 731 başvuruyu kabul edilebilir ilân etmiş, 3.519 davanın ya kabul edilemez olduğu ilân edilmiş ya da Mahkeme listesinden düşürülmesine karar verilmiştir. 1999 yılı sonunda 12.000'den fazla[3] ve Eylül 2001 itibariyle 18.000'den fazla[4] kayıtlara geçmiş bekleyen dava bulunmaktaydı.

(2) Avrupa Sözleşmesi'ndeki Temel Haklar

Madde 1: İnsan haklarına saygı yükümlülüğü
Madde 2: Yaşama Hakkı
Madde 3: İşkence yasağı
Madde 4: Kölelik ve zorla çalıştırma yasağı
Madde 5: Özgürlük ve güvenlik hakkı
Madde 6: Adil yargılanma hakkı
Madde 7: Kanunsuz ceza olmaz ilkesi
Madde 8: Özel hayatın ve aile hayatının korunması
Madde 9: Düşünce, vicdan ve din özgürlüğü
Madde 10: İfade özgürlüğü
Madde 11: Toplanma ve örgütlenme özgürlüğü
Madde 12: Evlenme hakkı
Madde 13: Etkili başvuru hakkı
Madde 14: Ayırımcılık yasağı
Madde 15: Olağanüstü hallerde yükümlülük azaltma
Madde 16: Yabancıların siyasal faaliyetlerinin kısıtlanması
Madde 17: Hakların kötüye kullanımının yasaklanması
Madde 18: Hakların kısıtlanmasının sınırları

1- *Avrupa İnsan Haklarını ve Temel Özgürlüklerin Korunmasına İlişkin Sözleşme, 11 nolu Protokol ile yeniden düzenlenen metin, Avrupa Konseyi, Doc. H(94) 5: 17 EHRR 501.*

2- *Avrupa İnsan Hakları Mahkemesi Sicil Dairesi basın bildirisi, 24.1.2000*

3- *İlâveten, kayıtlara henüz geçirilmemiş geçici dosyalar bulunmaktadır. Haziran 1999'da Mahkeme'de bekleyen 47.000'den fazla böyle geçici dosya bulunmaktaydı. (bakınız: AİHM Sicil Dairesi basın bildirisi, 21.6.1999)*

4- *Avrupa İnsan Hakları Mahkemesi'ni Değerlendirme Grubu Raporu (EG Court 92001))1, 27 Eylül 2001. Bu rapor* ***http://www.cm.coe.int/stat/E/Public/2001/rapporteur/clcedh/2001egcourt1.htm*** *web adresinden temin edilebilir.*

Sözleşmeye Ek Protokoller

- Birinci Protokol: 1952'de benimsenmiş ve 1954'te yürürlüğe girmiştir. Koruma altına aldığı haklar şunlardır: (1) Mülkiyetin korunması; (2) Eğitim hakkı, (3) Serbest seçim hakkı.
- Dördüncü Protokol: 1963'de benimsenmiş ve 1968'te yürürlüğe girmiştir. Koruma altına aldığı haklar şunlardır: (1) Borçtan dolayı özgürlükten yoksun bırakılma yasağı; (2) Serbest dolaşım özgürlüğü; (3) Vatandaşların sınır dışı edilme yasağı; (4) Yabancıların toplu olarak sınır dışı edilme yasağı.
- Altıncı Protokol: 1983'de benimsenmiş ve 1985'te yürürlüğe girmiştir. Altıncı Protokol, savaş ya da yakın savaş tehlikesi zamanları hariç, ölüm cezasının kaldırılmasını öngörmektedir.
- Yedinci Protokol: : 1984'de benimsenmiş ve 1988'te yürürlüğe girmiştir. Koruma altına aldığı haklar şunlardır: (1) Yabancıların sınır dışı edilmelerine ilişkin usul güvenceleri; (2) Cezaî konularda temyiz hakkı; (3) Haksız mahkûmiyet için tazminat; (4) Çifte yargılanmama ve çifte cezalandırılmama hakkı; (5) Eşler arasında hakların eşitliği.

12 nolu Protokol, Bakanlar Komitesi tarafından 26 Haziran 2000 tarihinde benimsenmiştir. Bu protokol ayrımcılığın yasaklanmasına ilişkin hükümler içermektedir. 4 Kasım 2000'de imzaya açılmış olup, on ülke tarafından onaylanmasından 3 ay sonra yürürlüğe girecektir.

13 nolu Protokol, Bakanlar Komitesi tarafından 21 Şubat 2001 tarihinde benimsenmiştir. Bu Protokol her hal ve şart altında idam cezasının ilga edilmesini öngörmektedir. On ülke tarafından onaylanmasından 3 ay sonra yürürlüğe girecektir.

(3) 11 nolu Protokol çerçevesinde yeni sistem

- Temel haklarda hiçbir değişiklik söz konusu değildir. (Madde 1-18)
- Değiştirilen Sözleşme, süreklilik temelinde işleyen yeni bir Mahkeme yaratmaktadır (Madde 19). Parlamenterler Meclisi, sözleşmeye taraf her devletin göstereceği adaylar arasından, altı yıl görev yapacak ve yeniden seçilebilir bir yargıç seçecektir. (Madde 22-23) Yargıçlar 70 yaşında emekli olmak zorundadırlar.
- Gerekli koşulları taşımadığına dair diğer yargıçların üçte iki çoğunluk ile karar vermesi halinde bir yargıcın görevden uzaklaştırmasına ilişkin bir yetki getirilmiştir (Madde 24).
- Mahkeme Genel Kurulu, Kurul Başkanı, Başkan Yardımcıları, Daire Başkanlarını, Yazı İşleri (Sicil) Müdürü ve Müdür Yardımcılarını seçmekle ve içtüzüğü belirlemekle görevlidir. (Madde 26) Genel Kurul'un yargısal bir rolü yoktur.
- Mahkeme'nin başvuruları incelemek üzere oluşturacağı üç yargıçlı komiteler yapılan kişisel başvurunun, daha fazla incelemeyi gerektirmediği hallerde, oybirliği ile kabul edilemezliğine veya kayıttan düşürülmesine karar verebilir (Madde 28). Yedi yargıçtan oluşan Daireler, davanın geri kalan kısmını karara bağlar. (Madde 27-29) Taraf Devlet adına seçilmiş yargıç Daire ve Büyük Dairede re'sen [ex officio] yer alır. Kabul edilebilirlik ya da edilemezlik kararlarını temyiz hakkı yoktur. Bireylerin doğrudan doğruya Mahkeme'ye şikâyette bulunması emredici bir haktır. (İlk defa olarak).

Süreç

- Kabule ilişkin eskiden varolan kriterler korunmuştur. (Madde 35)
- Mahkeme davayı inceler ve gerek görürse bir soruşturma yapar. Devletler soruşturmayla ilgili "gerekli bütün kolaylıkları" sağlamakla yükümlüdür (Madde 38). Daireler duruşma yapabilirler (ki, bu duruşmalar istisnaî durumlarda aksi karar verilmedikçe kamuya açıktır –Madde 40).
- Dostane çözüm (Madde 38-39). Mahkemeler Sözleşme ve Ek Protokollerde tanımlanan şekliyle insan haklarına saygı esasından hareketle, davanın dostane bir çözüm ile sonuçlandırılması için ilgili taraflara hizmet sunmaya hazır olacaktır. Çözüm halinde dava kayıttan düşürülür. Bu durumda Mahkeme olaylarla ve varılan çözümle sınırlı kısa açıklama yayınlar.
- Mahkeme kararı. Hükümler, gerekçeleriyle ve varsa karara karşı çıkan yargıcın muhalefet şerhi ile birlikte yayınlanır (Madde 45). Mahkeme, gerektiği takdirde, hakkaniyete uygun bir surette, zarar gören tarafın tatminine hükmedebilir (Madde 41).
- Bakanlar Komitesi'nin rolü mahkeme kararının denetlenmesine indirgenmiştir. (Madde 46)
- Bir Daire'nin yargı yetkisinden imtina etmesi: 17 yargıçtan oluşan Büyük Kurul (Madde 27/1) Dairelerin yargı yetkisinden Büyük Kurul lehine vazgeçtikleri davalarda, davayı karara bağlar (Madde 30):

(i) Dava, Sözleşmenin (ve/veya ek protokollerinin) yorumu konusunda ciddi sorunlar doğuruyorsa; ya da

(ii) Sorunun çözümü Mahkeme tarafından önceden verilmiş bir karar ile çelişkili olacak ise,

Bu davalar daha fazla sayıda yargıçtan oluşan bir kurul tarafından değerlendirilir. Ancak, davadaki taraflardan biri bu imtina kararının önünü tıkayabilir (Madde 30).

- Davaya yeniden bakılması (Madde 43). Bir Daire kararının verildiği tarihten itibaren üç ay içerisinde, dava taraflarından her biri, istisnai durumlarda, davanın kesin karara bağlanması için Büyük Daireye gönderilmesini isteyebilir. Büyük Daire bünyesinde beş yargıçtan oluşan bir kurul davanın:

(i) Sözleşme ve ek protokollerinin yorumuna ilişkin ciddi bir sorun doğurup doğurmadığını;

(ii) Başvuruyu etkileyen ciddî bir sorun yaratıp yaratmadığını (örneğin, dava ulusal hukuk düzenlemesinde ya da uygulamasında esaslı bir değişikliği gerekli kılıyorsa);

(iii) Genel nitelikli ciddî bir konu (örneğin ciddî bir siyasî sorun ya da izlenen politikalara ilişkin önemli bir konu) teşkil edip etmediğini

değerlendirerek talebi karara bağlar.

Dolayısıyla, davaların yeniden görülmesi süreci bir mahkeme için aynı davanın esasları hakkında iki karar sunmayı getiren olağandışı bir rol ortaya çıkmaktadır, ki bu, tartışmaya açık politik bir uzlaşma niteliğindedir.

Üçüncü bir tarafın müdahalesi

- Mahkeme Başkanı, yargılamada taraf olmayan herhangi bir

Sözleşmeci Tarafı ya da "ilgili bir kişiyi" yazılı görüş sunma veya duruşmalarda taraf olmaya davet edebilir. (Madde 36/2)

- Müdahil olma izni için Mahkeme Başkanı'na yazılı başvuruda bulunulabilinir. Eğer Başkan tarafından izin verilirse, bu muhtemelen şarta bağlı olacaktır. Sözgelimi, müdahillerden olgular ya da dava ile ilgili yasa hakkında yorum yapmamaları ve sunumlarını belirli bir uzunlukta yapmaları talep edilecektir. Yoksa aslında, müdahil olunması ile ilgili herhangi zorunlu bir çerçeve bulunmamaktadır.

- Meselâ çifte sunumdan kaçınmak için başvuru sahibi (ya da sahipleri) ile istişarede bulunmak (zorunlu olmamakla birlikte) tavsiye edilecek bir yoldur. Mahkeme'ye, sözgelimi özellikle gündemdeki davayla bağlantılı daha geniş bir çerçeve ya da uygun karşılaştırılabilir içtihatlar sağlamak bakımından üçüncü tarafın müdahaleleri yararlı olabilir.

Devletlerarası Davalar

- Sözleşmeye taraf herhangi bir devlet bir başka devlet tarafından yapılmış herhangi bir Sözleşme ihlâl iddiasını Mahkeme'ye getirebilir (Madde 33).

- Başvuruyu yapan taraf Devletin ya da onun herhangi bir vatandaşının iddia konusu ihlâlden etkilenmiş olması gerekli değildir.

- Daireler devletler arası davaların kabul edilebilir olup olmadığı konusunda ve esas hakkında karar verirler (Madde 29/2). Böylesi davalar, davadan imtina kararlarına ya da davaya yeniden bakılması taleplerine yol açabilir.

Mahkeme Tüzüğü

- Mahkeme ile ilgili yeni İçtüzük 1 Kasım 1998 tarihinde yürürlüğe girmiştir. İçtüzük prosedür ve Mahkeme'nin iç işleyişini belirlemiştir. Tüzüğü web sitesinden temin etmek mümkündür.

2. Bir Davanın Avrupa İnsan Hakları Mahkemesi'ne Götürülmesi Prosedürünün Ana Hatları

Haberleşme yolu ile ilgili bilgiler:

The Registrar
European Court of Human Rights
Council of Europe

F-67075 Strasbourg Cedex
Tel: (0) 3 88 41 20 18
Faks: (0) 3 88 41 27 30
Web sitesi: http://www.echr.coe.int

(i) Mahkeme'ye başvuru

- İlk dilekçede başvuru sahip (ya da sahiplerinin) kimlik bilgileri belirtilmeli, ilgili olgular ve yapılan ulusal işlemler özetlenmeli ve başvuru sahibinin ihlâl edildiğini ileri sürdüğü Sözleşme maddeleri belirtilmelidir.
- Başvurunun bir avukat tarafından yapılması gerekli değildir.
- Herhangi bir Mahkeme masrafı sözkonusu değildir.
- Şikâyetin bildirim tarihi ilk dilekçedeki tarihtir (altı aylık zaman sınırlaması bakımından önem kazanmaktadır –Madde 35/1). İlk dilekçe faks ile gönderilebilir.

(ii) Davanın kaydedilmesi ve incelenmesi

- Mahkeme geçici bir dosya açar. Mahkeme Yazı İşleri'ne mensup bir hukukçu cevabını bir başvuru formu ve yetki formu ile birlikte bildirir. (Bir avukata başvuru sahibi tarafından yetki verilmesini öngören bu form başvuru sahibi tarafından imzalanmalıdır.)
- Başvuru formu ve yetki formu altı hafta içinde tamamlanarak Mahkeme'ye gönderilmelidir. (Gerektiğinde, yazılı talepte bulunarak sürenin uzatılmasını sağlamak mümkün olabilmektedir.)
- İlgili bütün belgelerin kopyası başvuru formu ile birlikte Mahkemeye sunulmalıdır.
- Bu aşamada adlî yardım almak mümkün değildir.
- Tamamlanmış formun alınmasıyla başvuru formu kayda geçirilir. Mahkeme, dava numarası ve şikâyetin sunuş tarihini teyit eden yazılı bir cevap gönderir. Mahkeme, bu yazısında başvurunun kabul edilebilirliğine ilişkin görünür problemlere atıfta bulunabilir (ki, başvuru sahibi bunlara cevap vermeye çalışmalıdır.)
- Kayıt yapılamasını takiben, Mahkemeye sunulan bütün belgeler (Mahkeme tersine bir karar vermedikçe) kamuya açık hale gelir.
- Kaydın yapılmasıyla, başvurunun kabul edilebilir olup olmadığını değerlendirmek üzere raportör bir yargıç atanır (ki, bu yargıcın kimliği başvuru sahibine açıklanmaz).
- Mahkeme (üç kişilik bir Komite ya da yedi kişilik bir Daire) bir başvurunun kabul edilemez olduğunu ilân edebilir ya

da başvuruyla ilgili olarak davalı Hükümet ile yazışmaya girebilir.

Davayla ilgili yazışma

- Dava ile ilgili olarak davalı Hükümet ile yazışılacaksa, bu Hükümetten belirlenmiş bir süre içerisinde (ki, Hükümet süre uzatması sağlayabilir) belli sorulara cevap vermesi istenir (ki, bunların kopyaları başvuru sahibine gönderilir).

Adlî Yardım

- Bir dava ile ilgili olarak davalı Hükümetle yazışma yapıldığında, başvuru sahibi adlî yardım için başvuruda bulunmaya davet edilir. Malvarlığı bildiriminin değerlendirilmesi yerel otorite tarafından yapılır. Mahkeme yorum yapması için adlî yardım formunu Hükümete gönderir. Adlî yardım makabline şamil (geçmişe dönük) olarak işler ve işlemlerin her bir aşamasında belirlenmiş bir ücret cetveli bulunmaktadır. İşlemlerin her aşamasında avukata adlî yardım önerileri gönderilir ve avukat tarafından bunların imzalanıp geri gönderilmesi gerekmektedir. Paralar banka transferi yoluyla ödenir.

Hükümet'in mütalâası

- Hükümetin yazılı mütalâasının kopyası başvuru sahibine gönderilir. Başvuru sahibi cevaben (belirlenmiş bir süre içerisinde) kendi yazılı olarak ek mütalâasını sunabilir.

Olguların saptanması

- Mahkeme tanıkları dinleyebilir ve ender de olsa mahallinde incelemelerde bulunabilir.

Geçici Tedbirler

- Geçici Tedbirler (İçtüzük, Madde 39) : Daire veya gerekiyorsa Daire Başkanı, bir tarafın veya ilgili herhangi bir kişinin talebi üzerine veya doğrudan kendisi, tarafların menfaati veya önündeki davanın gereği gibi görülebilmesi için alınması gerektiğini düşündüğü geçici tedbirleri taraflara bildirebilir. Bu konuda Mahkeme bir üçlü sacayağı testi uygular:

(1) Çok ciddî nitelikte onarılmaz bir zarar tehlikesinin var olması;

(2) Zarar tehlikesinin çok yakın ve geriye dönülemez olması; ve

(3) Belli kanıtlar ileri sürülerek savunulabilir (prima facie) bir olay olması gerekir.

Sözgelimi, başvuru sahibinin ölüm ya da işkence tehlikesinin olduğu bir ülkeye gönderilmek üzere sınır dışı edilmesi halinde geçici tedbirler uygulanabilir.

(iv) Davanın esasına ilişkin inceleme

- Raportör esasa ilişkin detaylı incelemeyi yürütür.

(v) Davanın kabul edilebilir olup olmadığına ilişkin karar

- Bir başvuru üç yargıçlı bir Komite tarafından (eğer oybirliği varsa) kabul edilemez ilân edilebilir. Kabul halinde davanın geri kalanı yedi yargıçlı bir Daire tarafından görülür.
- Her ne kadar günümüzde ender olsa bile, genellikle davanın zor ya da yeni meseleleri gündeme getirmesi halinde kabul konusunda karar vermek için duruşma yapılabilir. Bir başvuru kısmen kabul edilebilir ya da edilemez ilân edilebilir.

(vi) Dostane çözüm

- Dostane çözüm prosedürü davalı Hükümet ve başvuru sahibine anlaşmazlığı kendi aralarında çözme imkânını verir. Mahkeme, taraflara yazılı olarak çözümle ilgili herhangi bir önerileri bulunup bulunmadığını sorar. Eğer çözüm üzerinde anlaşma olursa, dava Mahkeme'nin dava listesinden düşürülür.

(vii) Duruşma

- Taraflar nihaî sunuşlarını yazılı olarak yapmaya çağrılır (yaygın deyimiyle "Muhtıra" olarak anılır). Talep edilen masraf ya da tazminatlarla ilgili detaylar ya Muhtırada ya da kabul edilebilirlik kararından sonra iki ay içinde (ya da belirlenmiş bir tarihte) yazılı olarak Mahkemeye sunulmalıdır.
- Mahkemenin duruşmaları (duruşmanın özel olarak yapılması için nedenler olmadıkça) kamuya açık olarak yapılır. Normalde duruşmalar genellikle toplam iki saatten fazla sürmez. Başvuru sahibine ilk sözlü iddialarını sunması için genellikle 30 dakikalık bir süre tanınır. Eğer Mahkeme taraflara sorular soracaksa 15-20 dakikalık ara verilir, sonra her iki taraf da 15-20 dakikalık sürede soruları cevaplar ve diğer tarafa cevaplar verir.
- İstisnaî durumlarda Mahkeme duruşma yapmayabilir. (Tüzük Madde 59)

(viii) Hüküm

- Mahkemenin gerekçeli kararı duruşmadan aylar sonra yayınlanır. Yargıçlar çoğunluğun kararına muhalefet şerhlerini ekleyebilirler. Kesinleşmiş kararlara uyma zorunluluğu vardır (Sözleşme Madde 46/1).

- Mahkemenin birincil çözümü bir ya da daha fazla Sözleşme hakkının ihlâl edilmiş olduğunu ilân etmektir.
- Kararda, Sözleşmenin 41. maddesine (eski 50. madde) göre "hakkaniyete uygun tatmin"e hükmedilmesini de içerebilir. Bu, maddî ve manevî kayıpların tazminini ve adlî masrafları içerebilir. Hakkaniyete uygun tatmin hükmü, Mahkemenin ek sunuşları alabilmesi için ertelenebilir.
- Mahkeme ulusal otoritelerin kararlarını iptal etmez; Mahkemelerin ulusal mevzuatın iptali ya da davalı Hükümetlerin alacakları özel tedbirler konusunda yargılama erki yoktur.
- Sözleşmede başvuru sahibi aleyhine masrafa hükmedilmesini öngören hiçbir hüküm bulunmamaktadır.

(ix) Mahkeme kararlarının uygulanması

- Kesinleşmiş kararlar, uygulamayı denetleyen Bakanlar Konseyi'ne gönderilir. (Sözleşme Madde 46/2)

3. Avrupa İnsan Hakları Mahkemesi'nin Kabul Edilebilirlik Kriterleri

Kabule ilişkin kurallar Avrupa İnsan Hakları Sözleşme sisteminin kritik bir veçhesini oluşturmaktadır, çünkü oldukça önemli bir şekilde davaların sadece yaklaşık %10-20 kadarı kabul edilebilir bulunmuştur.

Sözgelimi, 2000 yılında Mahkeme 7.711 başvuruyu ele almış ve bunların % 88'i ya kabul edilemez ilân edilmiş ya da listeden düşürülmüştür.[5] Sözleşmenin 34. maddesi (eski 25. madde), davaların görülebilmesine ilişkin kuralları koyar. 35.

madde (eski 26. madde) kabul edilebilirlik kriterlerini koymaktadır, ki uygulamada en önemlisi iç hukuk yollarının tüketilmesi ve ulusal işlemlerde nihaî kararın verilmesinden sonra altı ay içinde Mahkemeye başvurunun sunulmasıdır.

Madde 34

İşbu Sözleşme ve protokollerinde tanınan hakların Yüksek Sözleşmeci Taraflardan biri tarafından ihlalinden zarar gördüğü iddiasında bulunan her gerçek kişi, hükümet dışı her kuruluş veya kişi grupları Mahkeme'ye başvurabilir. Yüksek Sözleşmeci Taraflar bu hakkın etkin bir şekilde kullanılmasına hiçbir suretle engel olmamayı taahhüt ederler.

Madde 35

1. Uluslararası Hukukun genel olarak kabul edilen prensiplerine göre, ancak iç hukuk yollarının tüketilmesinden sonra ve kesin karardan itibaren altı aylık süre içinde Mahkeme'ye başvurulabilir.

2. Mahkeme, 34. madde uyarınca sunulan herhangi bir kişisel başvuruyu aşağıdaki hallerde kabul etmez:

a) Bvuaşru imzasız ise veya;

b) Başvuru, Mahkeme tarafından daha önce incelenmiş veya uluslararası diğer bir soruşturma veya çözüm merciîne sunulmuş başka bir başvurunun konusuyla esas itibariyle aynı ise ve yeni olaylar içermiyorsa.

3. Mahkeme, 34. madde uyarınca sunulan herhangi bir kişisel başvuruyu işbu Sözleşme ve protokolleri hükümleri

5- Avrupa İnsan Hakları Mahkemesi'ni Değerlendirme Grubu Raporu (EG Court 92001))1, 27 Eylül 2001, para.28.

dışında kalmış, açıkça dayanaktan yoksun veya başvuru hakkının suiistimali mahiyetinde telakki ettiği takdirde, kabul edilemez bulur.

4. Mahkeme, işbu maddeye göre kabul edilemez bulduğu her başvuruyu reddeder. Yargılamanın her aşamasında bu karar verilebilir.

Konum ve Ehliyet – Mahkemeye kim başvuruda bulunabilir?

Her ne kadar başvuru sahibinin Sözleşme haklarından bir ya da daha çoğunun ihlâlinin mağduru olması gerektiği şartıyla (bu konuya aşağıda değinilecektir) ayrılmaz bir şekilde bağlantılandırılmış olsa da, konum ve ehliyete ilişkin Avrupa İnsan Hakları Mahkemesi kuralları kısıtlayıcı değildir.

34. madde Mahkemenin "her gerçek kişi, hükümet dışı her kuruluş veya kişi grupları"ndan başvurular alabileceğini öngörmektedir. Buna bağlı olarak, bireyler, kişi grupları, Sivil Toplum Kuruluşları, şirketler (hatta kapanmış olsa bile[6]), hisse senedi sahipleri, tröstler, meslek kuruluşları, sendikalar, siyasî partiler ve dinî kuruluşlar Mahkemeye başvuruda bulunabilirler. İddia edilen Sözleşme ihlâlinin doğasına bağlı olarak, bir şirket AİH Sözleşmesi çerçevesinde bizzat kendisi başvuruda bulanabileceği gibi, şirketi yönetim kurulu başkanı olarak, şirket genel müdürü[7] olarak ya da istisnaî durumlarda hisse senedi sahibi bireyler[8] olarak da başvuruda bulunmak mümkündür.

Ancak, düşünce, vicdan ve din özgürlüğü[9], eğitim hakkı[10] ve onur kırıcı ceza ve işleme tâbi tutulmak[11] gibi konularda tanımlarından dolayı belli davalar sadece bireyler tarafından iddia konusu yapılabilir ve başvuru hakkının kuruluşları kapsayacak şekilde genişletilmesi söz konusu edilemez.

Milliyet ve İkâmetgâh

Sözleşmeye taraf olanların kendi yetki alanları içindeki herkese Sözleşmedeki hakları sağlamalarıyla ilgili 1. maddedeki yükümlülüklerinin bir yansıması olarak Mahkemeye Sözleşme ihlâlleri ile ilgili şikâyet hakkının milliyet ve ikâmetgâhla alâkası yoktur. Uygulanacak kriter başvuru sahibinin Sözleşme haklarının ihlâl edilmesinin kurbanı olduğunu iddia edip edemeyeceğidir.

Hukukî ehliyet

Hukukî ehliyetin olmaması başvuru hakkını etkilemeyebilir,[12] ancak başvuru sahibi bir akrabası ya da uygun bir başka kişi tarafından temsil edilmelidir. Mamafih, başvuru sahibi bir akrabası ya da uygun bir kişi tarafından Mahkemede temsil edildiğinde, Mahkeme o kişiden başvuru sahibini temsil ettiğine dair yetki belgesi talep eder.

Çocuklar

Avrupa İnsan Hakları Mahkemesindeki davalarda, gerek aynı şikâyetten kaynaklanan yetişkin "mağdurlar" ile birlikte, gerekse kendi başlarına çocuklar başvuru sahibi olabilirler. Örneğin, Mrckx – Belçika davasında[13] evlenmemiş anne ve

6- Pine Valley - İrlanda davası (1992) 14 EHRR 319, para.42
7- Kaplan – Birleşik Krallık davası (1982) 4 EHRR 64.
8- Agrotexin – Yunanistan davası (1996) 21 EHRR 250.
9- X ve Church of Scientology – İsveç davası (1979) 16 DR 68.
10- No. 11533/85, DR. 5.
11- No. 11921/86, DR. 57.
12- Bakınız: Sözgelimi, Winterwerp – Hollanda davası (1979), 2EHRR 387; Van der Leer – Hollanda davası (1990), 12 EHRR 567.
13- (1980) 2 EHRR, 330.

kendisinin küçük kızı, vasiyet ve mülk veraseti ile ilgili konu da dahil Belçika'daki yasaların gayrı meşruluğundan şikâyetçi olmuşlardır. A'nın Birleşik Krallık aleyhine açtığı dava[14], başvuru sahibi çocuğun üvey babasından gördüğü ağır kötü muamele ve çocuğun kötü muameleden korunmasını sağlamakta Devletin başarısız kalması ile ilgilidir.

Çıkar çatışması ya da herhangi bir nedenle ebeveynlerinin ulusal hukuk açısından yasal konumlarının uygunsuzluğu söz konusu olmadıkça çocuklar ayrıca ebeveynlerinden biri tarafından temsil edilebilirler.[15] Hokkanen – Finlandiya[16] davasında, başvuru çocuğun babası tarafından, çocuğun velâyeti konusunda çocuğun anne tarafından büyük ebeveynleri ile olan anlaşmazlıkla ilgili olarak yapılmıştır. Başvuru sahibi baba ayrıca kızı adına bir başvuruda bulunmuş, ancak kendisinin ilgili dönemde çocuk üzerinde velâyet hakkı olmadığı saptamasından hareketle başvurunun bu veçhesi kabul edilemez ilân edilmiştir. Ebeveynleri ile adına davrandıkları bir çocukları arasında çıkar çatışması olduğu ileri sürülen durumlarda, Mahkeme, çocuğun haklarına saygı gösterilmesi ile ilgili herhangi ciddî bir sorunun incelenmesi gerekliliğinin kilit değerlendirme olduğunu vurgulamıştır. [17]

Temsilcinin çocuk adına davranmak için yetki belgesini sunması kaydıyla, çocuklar başkaları -sözgelimi avukatlar- tarafından da temsil edilebilirler. Örneğin, SD, DP ve T ile Birleşik Krallık arasındaki davada[18], üç çocuk adına bir avukat tarafından yapılan başvuruya, ulusal işlemlerde çocukların çıkarlarını güvence altına almak için mahkeme tarafından atanmış vasi (ad litem) tarafından verilen yetki belgesi eklenmiştir. Buna karşı çıkan Hükümet, Avrupa İnsan Hakları Sözleşmesi çerçevesindeki işlemlerde ne avukatın ne de atanmış vasilerin, çocuklar adına davranma yetkisine sahip olduklarını iddia etmiştir. Ancak Komisyon, çocukların çıkarlarının temsilinde genellikle başkalarına dayandıkları bu gibi sorunlarda kısıtlayıcı ya da teknik bir yaklaşım getirmeyeceğini vurgulayarak Hükümetin itirazını reddetmiş ve çocukların çıkarlarıyla ile ilgili hem pratik hem de etkin olan özgül bir koruma talep etmiştir. Olaylarla ilgili temsil açısından herhangi bir başka alternatif yolun ve hiçbir çıkar çatışmasının olmadığı saptanmıştır.

Başvuru sahibinin ölümü

Mahkeme hayatta olmayan bir kişi adına bizzat bu kişi için yapılan başvuruyu kabul etmez. Mamafih, şurası açıkça belirlenmiştir ki, hayatta olmayan biri adına yakın bir akrabası ya da mirasçısı başvuruda bulunabilir. Örneğin, Britanya askerleri tarafından İRA'nın üç mensubuna öldürücü şekilde ateş açılması ile ilgili McCann – Birleşik Krallık davasında[19], başvurular öldürülenlerin mülklerinin temsilcileri de olan mağdurların ailesinin üyeleri tarafından yapılmıştır. Keenan – Birleşik Krallık davasında[20], oğlunun cezaevinde intiharını takiben, başvuru sahibi oğlunun hayatını korumak için cezaevi yetkililerinin gerekli önlemleri almakta yetersiz kaldığı şikâyetini yapmıştır. Başvuru sahibi

14- 23 Eylül 1998 tarihli Mahkeme Hükmü.
15- Cambel ve Cosans-Birleşik Krallık davası, (1981) 3 EHRR 531
16- (1995) 19 EHRR 139.
17- P., C. Ve S. – Birleşik Krallık davası, No.56547/00, 11Aralık 2001.
18- (1996) 22 EHRR CD 148.
19- (1996) 21 EHRR 97.
20- Başvuru No. 27229/95.

açısından bu türden davalarda, finansal olarak bağımlılığı ya da maddî zararı kanıtlaması gerekmemektedir. Keenan davasında, başvuru sahibinin oğlu, öldüğünde 18 yaşından büyüktür ve kendisinin bakmakla yükümlü olduğu kimse yoktur, ki Fatal Accident Act (Ölümcül Kaza Yasası) 1976 ve mahrumiyet zararı çerçevesinde işlem yapılmasını fiilen ortadan kaldırmaktadır. Maddî kaybın olmaması Bayan Keenan'ın Avrupa İnsan Hakları Komisyonu'na başvuru yapmasına engel olmamıştır ve gerçekten de oğlunun ölümüyle ilgili olarak kendisinin iç hukuk çerçevesinde işlem yapamamış olması AİH Mahkemesinin 13. madde çerçevesinde "ulusal bir makama etkili bir başvuru yapabilme hakkı"nın ihlâl edildiği sonucuna ulaşmasına yol açmıştır.[21]

Hayatta olmayan bir akraba ile ilgili Sözleşme işlemlerinin yapılması için başvuru sahibinin konumuna itiraz edildiğinde, Strasburg kurumları, pratik etkin güvenceler sağlaması bakımından Sözleşmenin amaç ve hedeflerinin altını çizmektedirler.[22]

Eğer başvuru sahibi Mahkemede dava sürerken ölecek olursa, başvuru sahibinin yakın akrabasının ya da mirasçısının meşru çıkarları varsa ya da Mahkeme şikâyetin genel bir öneme sahip olduğu kanısında ise, bu kişi ya da kişiler tarafından genellikle dava sürdürülebilir. Örneğin, HIV'ye yakalanmış hemofili (kanın pıhtılaşmaması) hastalığı olan bir kişinin ebeveynleri, tazminat için yürütülen iç hukuk işlemlerinin uzunluğu bakımından yapılan bir başvuruyu başvuru sahibinin ölümünü müteakip de devam ettirebilmişlerdir.[23] Sado-mazoistik faaliyetlerle bağlantılı bir saldırı hakkındaki cezaî işlemlerle ilgili Laskey, Jaggard ve Brown – Birleşik Krallık davasında[24], birinci başvuru sahibinin babasının işlemleri başvuru sahibinin ölümünden sonra da sürdürmesine hiçbir itiraz yapılmamıştır.

Kamunun işbirliği

34. madde sadece "gerçek kişi, hükümet dışı her kuruluş veya kişi grupları"nın Mahkemeye dilekçe vermesine izin verdiği için, Belediyeler gibi kamu kuruluşları Avrupa İnsan Hakları Mahkemesine başvuruda bulunamazlar. Bu kural "kamu işlevlerini yerine getiren merkezî idare dışında kalan otoriteleri" kapsamamaktadır.[25]

Mağdur olduğunu kim ileri sürebilir?

34. maddeye göre, başvuru sahibinin bir ya da daha çok sayıda Sözleşme haklarının ihlâlinin mağduru olduğu iddia etmesi gerekmektedir. Mahkeme ancak o zaman her bir davanın özel durumlarını değerlendirir ve ne soyut itirazlara

21- Keenan – Birleşik Krallık davası, 18 Nisan 2001 tarihli Hüküm

22- Bakınız: Sözgelimi Yasa – Türkiye davası, (1999) 28 EHRR 408; Kurt - Türkiye davası, (1999) 29 EHRR 373.

23- X – Fransa davası, (1992) 14 EHRR 483.

24- (1997) 24 EHRR 39.

25- Danderyds Kommun – İsveç davası, No.52559/99, 7 Haziran 2001. Ayrıca bakınız: Austrian Communes and some of their councillers – Avusturya davası, No. 5765/77, 31 Mayıs 74; Rothenthurm – İsviçre davası, Başvuru No.13252/87, Dec. 14 Aralık 1988; 59 DR 251 (1988); Ayuntamiento de M – İspanya davası, 15090/89, (Dec) 7 Ocak 1991, 68 DR 209; The Province of Bari, Sorrention and Messeni Nemagna – İtalya davası, No.41877/98, 15 Eylül 1998; The Municipal Section of Antilly – Fransa davası, No.45129/98, ECHR 1999-VIII ve Ayuntamiento de Mula – İspanya davası, No.55346/00. BBC'nin konumu ile ilgili olarak bakınız: BBC – Birleşik Krallık davası, başvuru No.25978/94 (Dec.) 18 Ocak 1996, 84-A DR 129; [1996] EHRLR 322.

(actio popularis)[26] izin verir, ne de farazî ihlâl iddialarını kabul eder. Sözgelimi, Buckley – Birleşik Krallık davasında,[27] bir çingene olan başvuru sahibi, kendisinin kendi topraklarında ailesi ile birlikte bir karavanda yaşamasının ve konar-göçer hayatı sürdürmesinin engellendiği şikâyetinde bulunmuştur. Başvuru sahibi ayrıca, belli durumlarda çingene karavanlarının kullanımını suç telâkki eden Caravan Sites Act 1968 (Karavan Mahalleri Yasası) ve Criminal Justice and Public Order Act 1994 (Cezaî Adalet ve Kamu Düzeni Yasası) hakkında şikâyette bulunmuştur. Ancak Mahkeme, başvuru sahibine yönelik önlemlerin bu yasalar çerçevesinde alınmamış olmasından dolayı bu özgül şikâyetleri değerlendirme konusu yapmamıştır.

Mahkeme tarafından uygulanan test şudur: Başvuru sahibinin iddia konusu Sözleşme ihlâllerinden şahsen ve doğrudan etkilenmiş olması gerekmektedir.

Mağdurluk testi bir davada başvuru sahiplerinden bazılarını dışlarken, bazılarını dışlamaz.[28] Ahmed ve Diğerleri – Birleşik Krallık davasında,[29] yerel yönetim görevlilerinin politik faaliyetlerinin kısıtlanması ile ilgili olarak bir sendika olan UNİSON tarafından yapılan şikâyet kabul edilemez olarak ilân edilmiştir. Komisyon, söz konusu yönetmeliğin[30] sendikanın (10 ve 11. maddeler çerçevesindeki) haklarını etkilemediği ve dolayısıyla da UNISON'un Sözleşme hakları ihlâlinin bir mağduru durumunda olamayacağı sonucuna varmıştır. Mamafih, yönetmelikten etkilenen yerel yönetim görevlisi bireyler tarafından yapılan başvurular kabul edilebilir ilân edilmiştir. Dolayısıyla, eğer başvuru sahibi kuruluşun mağdurluk konumuyla ilgili şüpheler varsa, en azından bir mağdur bireyin başvuru sahibi olarak dahil edilmesi tavsiye olunur.

Strasburg kurumları, belli olaylarda "mağdur" kavramının tanımlanmasında bir dereceye kadar esneklik gösterilmesine izin vermektedirler. Bir bireyin "mağdur" konumu ile ilgili şüphelerin olduğu yerde, uygulamacılar, müvekkillerinin yukarda belirtilen kategorilere girip girmediğini dikkatle değerlendirmelidirler.

Muhtemel mağdurlar

Başvuru sahibi kendisine yönelik özgül bir tedbir olmasa bile, 34. madde bir başvuru sahibinin bir yasanın Sözleme haklarını ihlâl etmesini de şikayet etmesine izin vermektedir. Ancak, Sözleşme ihlâllerinin muhtemel mağdurlarının, bu ihlâlden doğrudan etkilenen, kendilerine yönelik gerçek bir riskin varolduğu konusunda Mahkemeyi iknâ etmeleri gerekir.[31] Riskte olduğu düşünülenler çeşitli kategorilere girmektedirler ve buna cezaî soruşturmaya uğrama riski olanlar da dahildir.

26- Bakınız: Örneğin, Lindsay ve Diğerleri – Birleşik Krallık davası, No.31699/96, 17 Ocak 1997 – Kuzey İrlanda'da 1 milyondan fazla kişiyi temsil ettiği ileri sürülen başvuru, Sözleşme hükümleri ile kimliğe bağlı uygunsuzluk (ratione pesonae) nedeniyle kabul edilemez ilân edilmiştir.

27- (1997) 23 EHRR 101.

28- Bakınız: Örneğin, Bowman and the Soceity for the Protection of Unborn Children – Birleşik Krallık, No.24839/94, 4 Aralık 1995.

29- No.22954/93, 12 Eylül 1995. Ayrıca bakımız: Purcell ve Diğerleri – İrlanda davsı, No 15404/89, 16 Nisan 1991.

30- The Local Government Officers (Political Restrictions) Regulation 1990. [Yerel Yönetim Görevlileri (Politik Kısıtlamalar) Yönetmeliği].

31- Bakınız: Örneğin, Open Door Counselling and Dublin Well Woman – İrlanda davası (1993) 15 EHRR 244, para.44 ve Johnston and Diğerleri – İrlanda davası (1987) 9EHRR 203, para.42

Dudgeon – Birleşik Krallık,[32] Norris –İrlanda,[33] ve Modinos–Kıbrıs,[34] davalarının hepsi homoseksüel davranışları suç kılan iç hukuk düzenlemeleri ile ilgilidir.[35] Dudgeon davasında, başvuru sahibi kendisinin homoseksüel davranışlarından dolayı cezaî sorumluluk altında olduğundan şikâyet etmiş ve sözkonusu yasaların bizatihî mevcudiyetinin kendisinde korku, ıstırap ve psikolojik baskıya neden olduğu şikâyetini yapmıştır. Kendisi homoseksüel faaliyetleri hakkında polis tarafından sorgulanmış ve evi aranmış, ancak kendisi hakkında ceza soruşturması yapılmamıştır. Mamafih Mahkeme, bizatihî mevzuatın mevcudiyetinin sürekli olarak ve doğrudan bu kişinin özel hayatını etkilediğini kabul etmiştir. Sözkonusu mevzuatın "hayatiyetten yoksun bir mektup" olmadığı da geçerli bir husustur.

Bir başka muhtemel mağdurlar kategorisi özel bir tedbir ya da ihmalden etkilenebilecek toplum içindeki özel grup ya da grupları da kapsamaktadır. Balmer+Schafroth – İsviçre davasında,[36] Hükümet, nükleer enerji istasyonu yakınında oturan başvuru sahiplerinin enerji istasyonu işletme lisansının uzatılması kararının mağduru olamayacaklarını, çünkü başvuru sahiplerinin şikâyet ettikleri ihlâllerin sonuçlarının kendilerini doğrudan ve şahsen etkilemekten çok çok uzak olduğu tezini ileri sürmüştür. Ancak İsviçre Federal Konsey'inin başvuru sahiplerinin itirazlarını kabul edilebilir bulmasından dolayı ve bir zararın yokluğunda bile bir Sözleşme ihlâli sözkonusu olabileceği için, Mahkeme, Hükümetin tezlerini reddetmiştir. Sözleşmenin muhtemel ihlâlleri, uygulamaya konulursa Sözleşmenin çiğnenmesine yol açacak özel tedbirlerle ilgili konularda da ayrıca ortaya çıkmaktadır.

Bu olgu sık sık göçmenlik ve kişilerin başka bir ülkeye iadesi sorunları bağlamında ortaya çıkmaktadır. Soering – Birleşik Krallık davası,[37] Virjinya 'da cezası ölüm olan bir cinayet suçlaması ve ölüm cezası ihtimaliyle karşı karşıya bulunan başvuru sahibi ABD'ye iade edilmesi yönündeki İçişleri Bakanı kararı ile ilgilidir. Dolayısıyla, eğer ölüm cezasına çarptırılacak olursa, bu kişi 3. maddenin ihlâlinin ortaya çıkacağını iddia ettiği "idamlıklar hücresi fenomeni"ne maruz kalacaktır. Bu koşullar altında, Mahkeme iade halinde başvuru sahibinin işkence veya insanlık dışı ya da onur kırıcı ceza veya işlemlere muhatap olması bakımından gerçek bir riskle karşılaşması konusunda esaslı dayanakların olduğuna inanıldığı yerde Devletin sorumluluk taşıdığı saptamasını yapmıştır. Başvuru sahibinin yüzyüze geldiği ciddî ve onarımı olanaksız nitelikteki ıstırap dikkate alındığında, 3. maddedeki güvencelerin yerine getirilmesini sağlamak açısından ortada ele alınması gereken bir dava vardır. Sınır dışı etme davalarında muhtemel ihlâllerin başvuru sahiplerince şikâyet konusu edildiği bir çok örnek vardır.[38] Chahal – Birleşik Krallık davasında,[39] başvuru sahibi Sikh politik aktivisti olarak işkenceye tâbi tutulma riski olduğu

32- (1982) 4 EHRR 149.

33- (1991) 13 EHRR 186.

34- (1993) 16 EHRR 485.

35- Ayrıca bakınız: Sutherland – Birleşik Krallık davası , No.25186/94, Comm. Rep. 1 Temmuz 1997; A.D.T. – Birleşik Krallık davası, 31 Temmuz 2000 tarihli Hüküm.

36- (1998) 25 EHRR 598, para.24-26. Ayrıca bakınız: Amuur – Fransa davası (1996) 22 EHRR 533, para.36.

37- (1989) 11 EHRR 439.

38- Bakınız: Hilal – Birleşik Krallık davası, No.45276/99, 6 Mart 2001 tarihli Hüküm.

için, kendisinin Hindistan'a iadesinin 3. maddedeki haklarının ihlâline yol açacağı şikayetinde bulunmuştur. Sınır dışı edilmesi halinde başvuru sahibinin 3. maddeye aykırı muameleyle gerçek bir risk olarak yüzyüze gelmesinin esaslı dayanakları olduğuna inanıldığı yerde Devletin sorumluluğu gündeme gelecektir. D – Birleşik Krallık davasında,[(40)] AİDS virüsünün ileri devresine gelmiş olmaktan mağdur olan başvuru sahibi, yeterli bir tıbbî tedavinden yoksun kalmasına neden olacağı ve dolayısıyla kendisinin insanlık dışı ve onur kırıcı bir muameleye maruz kalmasına yol açacağı için doğduğu yer alan St. Kitts'e gönderilmesinin 3. maddenin ihlâli olduğu şikâyetini yapmıştır.

Mamafih, başvuru sahiplerinden Mahkemenin şikâyetlerini kabul etmesinden önce iç hukuk işlemlerindeki nihaî kararı beklemeleri ve varolan etkili temyiz yollarını tüketmeleri istenmektedir.[(41)]

Mevzuatın ya da kamu otoriteleri tarafından alınan tedbirlerin gizlilik kapsamının mağdur konumu sorunuyla bir bağlantısı olabilmektedir. Klass – Almanya davasında,[(42)] başvuru sahibinin avukatı, her ne kadar kendilerinin gözetlendiğine dair herhangi bir delile sahip olmasa da, Almanya'daki gizli gözetleme ile ilgili yasa hakkında şikâyette bulunmuştur. Mahkeme, sözkonusu tedbirlerin gizliliğinden dolayı başvuru sahibine yönelik özgül bir uygulamanın ispat edilmesinin mümkün olmadığı yerde, başvuru sahibinin iddia edilen ihlâlin mağduru olduğuna dair şikâyette bulunmaktan alıkonulmaması gerektiği sonucuna varmıştır. Buna bağlı olarak, belli durumlarda, başvuru sahibi, gizli önlemlerin sadece mevcudiyetinden dolayı Mahkemeye bir ihlâlin mağduru olduğu yönünde meşruiyet taşıyan bir şikâyette bulunabilir. [43]

Dolaylı mağdurlar

Bir özel tedbir ya da ihmalden doğrudan etkilenmeyen bir birey, mamafih bir başka insanın Sözleşme haklarının çiğnenmesinden "dolaylı" olarak etkilenebilir. Bu, çoğunlukla yakın aile bağları ile ilgili ortaya çıkan bir durumdur ama ayrıca üçüncü şahısları içerebilir. Sözgelimi, sınır dışı edilme kararına muhatap kalan bir kişinin aile bireyleri Sözleşme ihlâlinin mağduru olduklarını iddia edebilirler. Chahal – Birleşik Krallık davası,[44] ulusal güvenlik için tehdit oluşturduğu gerekçesiyle bir ayırımcı Sikh lider olan Bay Chahal'ın sınır dışı edilmesinin önerilmiş olması ile ilgilidir.Sözleşme çerçevesinde dava işlemi yapılması istemi sadece Bay Chahal'ın kendisinden gelmemiş, ama aynı zamanda eşi ve çocukları da Bay Chahal'ın sınır dışı edilmesinin 8. madde çerçevesinde aile hayatına saygı gösterilmesi hakkının ihlâline yol açacağını ileri sürerek işlem yapılmasını istemişlerdir. Abdulaziz, Cabales ve Balkandali – Birleşik Krallık davası[45] başvuru sahiplerinin kocalarının Birleşik Krallık'ta kendileri ile birlikte kalması ya da kendilerine

39- (1997) 23 EHRR 413.

40- (1997) 24 EHRR 423. Öte yandan bakınız Bensaid – Birleşik Krallık davası, No.44599/98, 6 Şubat 2001 tarihli Hüküm.

41- Bakınız: Vijayanathan ve Puparajah – Fransa davası (1993) 15 EHRR 62.

42- (1978) 2 EHRR 214.

43- Ayrıca bakınız: Virginia Matthews – Birleşik Krallık davası, No.28576/95, 16 Ekim 1996 – barış eylemcisi olan başvuru sahibinin telefon görüşmelerinin dinlendiği iddia edilmiştir.

44- (1997) 23 EHRR 413

katılmasını engelleyen "1971 İmmigration Act and Rules" (Göçmenlik Yasa ve Yönetmelikleri) ile ilgilidir. Dava sınır dışı edilecek kişilerin Birleşik Krallık'ta yasal ve sürekli olarak yerleşmiş bulunan hanımları tarafından açılmıştır ve Mahkeme 14. madde (cinsel ayrımcılığın mağdurları olmalarından hareketle) ve 13. madde ile birlikte 8. maddenin çiğnendiği sonucuna varmıştır.

"Önyargı" şartının eksikliği

Bir "mağdur"un mağduriyetinin ortaya çıkması için, sadece Sözleşmenin 41 maddesindeki (eski 50. madde) "hakkaniyete uygun tatmin"e hükmedilmesi ile ilgili olarak gerekli olan "önyargı" ve "zarardan" dolayı mağdur olması gerekmemektedir.[(46)]

Örneğin, CC – Birleşik Krallık davasında,[(47)] başvuru sahibi yargılama öncesi otomatik gözaltına alma olayından dolayı şikâyette bulunmuştur. Komisyon, Sözleşmenin ihlâl edilmiş olduğunun kabulü anlamına gelmediği için, yargılama öncesi gözaltı süresinin kişinin mahkûmiyet süresinden düşülmesinin kişinin mağdur statüsünü ortadan kaldırmayacağına hükmetmiştir.

Mamafih, ulusal makamlar açıkça veya özde Sözleşmenin ihlâl edildiğini kabul ettiklerinde ve mağdur için bir çözüm sunduklarında durum farklı olabilir.[(48)] Bu konu aşağıda ayrıca ele alınacaktır.

Mağdur statüsünü kaybetmek

Başvuru sahipleri 34. maddenin amaçları bakımından "mağdur" statüsünü kaybedebilirler. Örneğin, iç hukuk işlemlerinin çözüm getirmesi ya da cezaî kovuşturmada beraat etmeleri, [(49)]temyizin olumlu sonuç vermesi ya da iç hukuk işlemlerinin durması başvuru sahiplerinin statülerini etkileyebilir. Örneğin, Caraher – Birleşik Krallık davasında,[50] Kuzey İrlanda'da Britanya askerlerinin kocasına öldürücü şekilde ateş açması nedeniyle başvuru sahibi 2. ve 13. maddelerin ihlâl edildiği iddiasında bulunmuştur. İki asker ateş açmaktan yargılanmış, ancak beraat etmişlerdir. Strasburg'a başvuru 1994'te yapılmıştır. 1998'de başvuru sahibi, Yüksek Mahkeme'nin Savunma Bakanlığına aleyhine verdiği kararla başvuru sahibinin kocasının ölümüyle ilgili ağır zarardan dolayı 50.000 İngiliz Sterlinin tam olarak ödenmesi ve bütün talepleri için nihaî karar olması hükmünü kabullenmiştir. Bunu müteakiben, sivil takîbatı kabullenmiş olmasından dolayı başvuru sahibinin artık Sözleşme ihlâlinin mağduru olduğunu ileri süremeyeceğine hükmeden Avrupa İnsan Hakları Mahkemesi başvuruyu kabul edilemez ilân etmiştir. Mamafih, Suç Yaralanması Tazminat Programı'ndan zarar tazminine gidilmesi bir başvuru sahibinin mağdur statüsünü ortadan kaldırmamaktadır.[51]

Eckle – Almanya Federal Cumhuriyeti davasında,[52] Mahkeme bir başvuru sahibinin mağdur statüsünü kaybettiği

45- (1985) 7 EHRR 471

46- Bakınız: Örneğin, Balmer-Schafroth – İsviçre davası, (1998) 25 EHRR 598, para.26 ve Amuur – Fransa davası, (1996) 22 EHRR 533, para.36.

47- No.32819/96, 1 Aralık 1997.

48- Eckle – Almanya Federal Cumhuriyeti davası (1983) 5EHRR 1, para.66.

49- Mamafih, beraat yine de başvuru sahibinin prosedür ihlâllerinin mağduru olduğu iddiasını sürdürmesine olanak tanıyıcı nitelikte bir anlama geliyor olabilir. – Bakınız: Heaney ve McGuinness – İrlanda davası, No.34720/97, 21 Aralık 2000 tarihli Hüküm.

50- No.24520/94, 11 Ocak 2000.

51- Z.W. – Birleşik Krallık davası, No.34962/97, 27 Kasım 2001.

değerlendirmesini yaparken uygulanacak bir üçlü sacayağı testi ortaya koymuştur:

(i) Ulusal makamlar ya açıkça ya da özde Sözleşmenin ihlâl edildiğini kabul etmeli; ve

(ii) Ulusal makamlar tarafından mağdur için bir çözüm sunulmalı; ve

(iii) Başvuru sahibi, ihlâlin dikkate alınma kapsamını değerlendirme imkânını tanıyan yeterli işaretlerin olduğu bir şekilde muamele görmüş olmalıdır.

AİHM Ludi – İsviçre davasında[53] bu testi uygulayarak, Temyiz Mahkemesi'nin mahkûmiyet süresini azaltması nedeniyle başvuru sahibinin artık Sözleşme ihlâlinin mağduru olduğunu iddia edemeyeceği şeklindeki Hükümet görüşünü reddetmiştir. Mahkeme, başvuru sahibi aleyhine yürütülen cezaî soruşturmada gizli ajan kullanılmasının Sözleşme ihlâlini kabulden ziyade, otoritelerin bunun Sözleşme yükümlülükleri ile bağdaşır olduğuna açıkça karar verdikleri sonucuna varmıştır.

Haklara müdahale kastî ve sistematik olmaktan ziyade "tesadüfî yanlışlar"dan kaynaklandığında resmen özür dilenmesi, başvuru sahibinin mağdur statüsünü ortadan kaldırabilir. Örneğin, mahpusların yazışmalarına müdahaleden dolayı özür dilenmesinin ve bunun tekrarlanmaması için önlemler alınacağının garanti edilmesinin mağdur statüsünü ortadan kaldırdığına hükmedilmiştir.[54]

Kabul edilemezlik iddiası ne zaman ileri sürülebilir ve karara bağlanır?

Mahkeme işlemlerin herhangi bir aşamasında bir başvurunun kabul edilemez olduğunu ilân edebilir (Madde 35/4). Mahkeme, daha önceden davanın kabul edilebilir olduğunu ilân etmiş olsa bile, esaslara ilişkin değerlendirme aşamasında da başvuru sahibinin uygun iç hukuk yollarını tüketmediği şeklindeki Hükümet iddialarını kabul edebilir.[55]

Mamafih, iç hukuk işlemleri sırasında kararın bozulması ya da başvuru sahibinin yeni bir şikâyet sunması gibi yeniden incelemeye izin veren kabul edilebilirlik sorununa baliğ olabilecek nitelikteki kabul edilebilirlik kararından sonra ortaya çıkan gelişmeler olmadıkça,[56] Hükümet eskiden, kabule ilişkin değerlendirmeler aşamasında ileri sürmediği iddialar getiriyorsa,[57] esaslara ilişkin değerlendirme aşamasında davalı hükümetin kabul edilemezlikle ilgili yeni iddialar ileri sürmesi engellenir. McGonell – Birleşik Krallık davasında,[58] Hükümet, iç hukuk işlemlerinde bağımsızlık ve tarafsızlığın söz konusu olmadığı şikâyetini yapan başvuru sahibinin Temyiz Mahkemesi'nde temyize başvurmamış olmasından dolayı iç hukuk yollarını tüketmemiş olduğunu AİH Mahkemesi nezdinde ileri sürmüştür. Mahkeme, daha

52- (1983) 5EHRR 1, para.66. Ayrıca bakınız: Dalban – Romanya davası, 28 Eylül 1999 tarihli Hüküm ve Amuur – Fransa davası (1996) 22 EHRR 533.

53- (1993) 15 EHRR 173.

54- Bakınız: Faulkner – Birleşik Krallık davası, No.30308/96, 30 Kasım 1999 ve Armstrong – Birleşik Krallık davası, No.48521/99, 25 Eylül 2001.

55- Bakınız: Aytekin – Türkiye davası, 23 Eylül 1998 tarihli Hüküm.

56- Stankov ve United Macedonian Organisation Ilinden – Bulgaristan davası, 2 Ekim 2001 tarihli karar, para.54

57- Artico – İtalya davası (1981) 3EHRR 1, para 27-28; Pine Valley Developments – İrlanda davası (1992) 14 EHRR 319, para. 45.

58- 8 Şubat 2000 tarihli Hüküm.

önce Komisyon nezdinde böylesi iddialar getirmemiş olan Hükümetin bu iddialara dayanma çabasını durdurmaya karar vermiştir.

Yukarıdaki olaydan büyük bir farkla, pratikte, en önemli kabul edilebilirlik kuralları iç hukuk yollarının tüketilmesini ve nihaî kararın verildiği tarihten itibaren altı ay içinde AİHM'e başvurunun yapılmasını şart koşar. Başvurunun yapılmasında zaman sınırlaması iç hukuk yoluyla çözümün kapsamına bağlı olduğundan bu kurallar arasında yakın bir bağ vardır. Davalı hükümetler sık sık ne zaman mümkünse iç hukuk yollarının tüketilmediği itirazını ileri sürmektedirler, dolayısıyla bu alan, müvekkillerinin pozisyonu hakkında uygulamacıların çok net olması gereken bir alandır.

İç hukuk çözümleri kuralının gerekçesi, konu AİHM önüne gelmeden bir Sözleşme ihlâlinin giderilmesi için ulusal makamlara her zaman olanak tanınması gerektiği ilkesidir. Bu kural, Sözleşme ulusal hukuka dahil edilmiş olsun olmasın iddia edilen ihlâlle ilgili olarak, 13. maddede yansımasını bulan, ulusal sistemde etkin çözüm yolunun varolduğu varsayımına dayanmaktadır.[59]

Kanıtlama yükümlülüğü

Başvuru sahiplerinden iç hukuk yollarını tüketmek için attıkları adımları başvurularında belirtmeleri istenmektedir. Dolayısıyla, kanıtlama yükümlülüğü, dava konusu olayda varolan ama başvurulmayan iç hukuk çözümlerini belirtmek suretiyle iç hukuk yollarının tüketilmediğini ileri süren davalı Hükümete düşmektedir.[60] Hükümet, çözümün etkin ve uygun zamanda hem teorik, hem de pratik olarak var olan bir çözüm olduğu konusunda Mahkemeyi iknâ etmelidir. Bunun anlamı, çözümün başvurulabilir, başvuru sahibinin şikâyeti ile ilgili bir çare sağlayabilir ve başarı elde edilmesi olasılığını makul ölçüde sunabilir nitelikte olmasıdır. Eğer Hükümet kendi görüşü açısından gerçekleşebilir varolan bir çözüm ileri sürüyorsa, başvuru sahibi ya gerçekten bu çözüm yolunun neden tüketilmediğini veya neden belirtilen bu çözümün yetersiz ya da etkisiz olduğunu; veya başvuru sahibini bu çözüme başvurmaktan alıkoyan özel nedenler olduğunu göstermek zorundadır (aşağıya bakınız).

İç hukuk çözüm yolları hakkındaki sunuşları ile ulusal işlemlere ilişkin iddiaları arasında tutarsızlık bulunan davalı bir Hükümet'e Mahkeme tarafından kestirme ve olumsuz bir cevap verilecektir.[61]

Bir başvuru sahibi AİHM'e yapılan şikâyetin özünü ulusal işlemler sırasında da ortaya koymuş olmalıdır,[62] ki, ulusal mahkemeler, başvuru AİHM tarafından ele alınmadan önce konu hakkında karar alabilme fırsatına sahip olsunlar. Sözgelimi, Ahmet Sadik – Yunanistan davasında,[63] her ne kadar 10. madde Yunan hukukunda doğrudan uygulanabilir olsa da, başvuru sahibi ulusal mahkeme nezdinde hiçbir aşamada 10. maddeye dayanmadığı ya da bu maddeye

59- Bakınız: Akdivar – Türkiye davası (1997) 23 EHRR 143

60- De Wilde, Ooms ve Versyp – Belçika davası (1979) EHRR 373, para.60;

61- Kolompor – Belçika davası (1993) 16 EHRR 197

62- Bakınız: Glasenapp – Almanya davası (1987) 9EHRR 25i para.42-46. Mamafih, başvuru sahibinin iddialarının öz itibarıyla ulusal mahkemelerin dikkatine sunulmuş olması kaydıyla, başvuru sahibinin işlemlerde muhakkak taraf olması gerekmeyebilir. (Örneğin bakınız: P., C., ve S – Birleşik Krallık davası, No.56547/00, 11 Aralık 2001).

63- (1997) 24 EHRR 323.

tekabül edecek iddialar ileri sürmediği için, AİHM başvuru sahibinin iç hukuk yollarını tüketmediği sonucuna varmıştır.

Ulusal prosedür kurallarına uymak

Konuyu açıkça ve özlü olarak iç hukuk işlemleri sırasında gündeme getirirken başvuru sahibinden, zaman aşımı ile ilgili olanlar da dahil iç hukuktaki resmî kurallar ve prosedürle ilgili kurallara uymuş ve Sözleşme ihlâlini engellemesi söz konusu olabilecek herhangi bir prosedür yoluna atıfta bulunmuş olması istenir.[64] Dolayısıyla, eğer başvuru sahibi, zaman aşımı ve diğer prosedürle ilgili kurallar uymadığı için iç hukuk çözüm yollarını izlememişse, iç hukuk yollarının tüketilmiş olduğuna hükmedilmeyecektir.

Kuralda esneklik

Mahkeme, 35. maddedeki kuralların "bir ölçüde esneklikle ve aşırı kuralcılığa kaçılmaksızın" uygulanması gerektiğini bildirmiştir.[65] Bu esneklik insan haklarını korumaya yönelik olan sistemin içeriği çerçevesinde kuralların uygulanması gerçeğinin bir yansıması olarak ortaya çıkmaktadır.[66] Dolayısıyla, iç hukuk çözüm yollarının tüketilmesi kuralı mutlak olmadığı gibi otomatik olarak da uygulanmaz. Resmî çözümlerin işlerlik kazandığı genel içerik ve başvuru sahibinin özel koşulları da dahil her bir davanın koşulları daima dikkate alınır. Mahkeme davanın bütün koşullarını, başvuru sahiplerinin iç hukuk çözüm yollarını tüketmek için kendilerinden beklenen makul her şeyi yapıp yapmadıklarını inceler. [67]

Çözümlerin mevcudiyeti, etkinliği ve yeterliliği

35. maddenin 1. fıkrası Mahkemenin ancak iç hukuk çözüm

yollarının tüketilmesinden sonra davayı ele alabileceğini belirtirken, başvuru sahibinden sadece mevcut, etkin ve yeterli olan çözüm yollarına başvurmuş olması istenir.

İç hukuk çözüm yolu mevcut olması için, başvuru sahibi (bir resmi görevliye muhtaç olmaksızın) işlemlere girişme imkânına sahip olmalıdır. Başvuru sahibinin malî gücüne, çözüm yolunun karmaşıklığı ve hukukî temsilcinin ulusal işlemlerde zorunlu olup olmamasına bağlı olarak, adlî yardımın mevcut olmaması çözüme başvurmayı etkileyebilir.[68]

Sadece teorik olarak mevcut olan çözüm yollarının varlığını Hükümetin ileri sürmesinin AİHM'ni tatmin etmesi söz konusu değildir. Bu açıdan, Mahkeme Hükümetten iddia edilen çözüm yolundan başarılı bir şekilde yararlanılmış olduğunun örneklerini sunmasını ister.[69]

İddia konusu Sözleşme ihlâli ile ilgili olarak başvuru sahibi için çare olabilecekse bir çözüm etkili olarak değerlendirilir. Bu, sadece adlî çözümleri değil ama aynı zamanda özgül bir sorunun kendi has koşullarında (muteber) çareleri sağlayabilen ulusal idarî çözümleri de içermelidir.

Zaten alınmış olan bir kararın yeniden ele alınmasını bir

64- Cardot – Fransa davası (1991) 13 EHRR 853, para34

65- Bakınız: Guzzardi – İtalya davası (1981)3 EHRR 333, para.72: Cardot – Fransa davası (1991) 13 EHRR 853, para34.

66- Bakınız: Akdivar –Türkiye davası, (1997) 23 EHRR 143, para.69

67- Bakınız: Yasa –Türkiye davası, 2 Eylül 1998 tarihli Hüküm, para.77

68- Airey – İrlanda davası 2 EHRR 305: Faulkner – Birleşik Krallık, Comm. Rep. 1 Aralık 1998.

69- Bakınız: De Jong, Baljet ve Van den Brink – Hollanda davası (1986) 8 EHRR 20.

yetkiliden isteme fırsatı genellikle yeterli bir çözüm olmaz.[70] Ayrıca, başvuru sahibinden tamamıyla keyfî olan bir çözüm yoluna başvurmasının istenmesi söz konusu olamaz.[71]

Temyiz işlemi de dahil (aşağıya bakınız), iç hukuk çözüm yolunun etkinliğinden şüphe edilmesi halinde, AİHM'nin iç hukuk çözüm yolunun tüketilmesinin test edilebilmesi bakımından, çözüm yoluna başvurulmalıdır. Bunun, ulusal mahkemelerin dava hukuku yoluyla ilkelerin kapsamının genişletilip geliştirildiği içtihat hukuku sisteminde özellikle söz konusu olduğu saptanmıştır: "Ulusal mahkemelere mevcut hakların yorum yoluyla geliştirilmesi fırsatını tanımak mağdur bir birey için genellikle zorunluluktur."[72]

Genelde, eğer iddia konusu Sözleşme ihlâli için bir çözüm sağlayacaksa, başvuru sahibinden, iç hukuk çözüm yolu çerçevesinde mevcut olan temyiz yöntemini izlemesi istenir.[73] Ancak, örneğin hiçbir başarı ihtimali olmadığına dair kesin hukukî kanâat net bir şekilde varken[74] gerçekten de bir çözüm sağlamayacak muhtemel bir çare şeklini ya da temyiz işlemini izlemesi başvuru sahibi için gerekli değildir.[75] Bu durumda, başvuru sahibi böylesi bir başarı ihtimalinin olmadığı konusunda Mahkemeyi iknâ etmelidir ve uygulamacılar Mahkemeye bu açıdan hukukçu görüşü ile bilgilendirme hususunu dikkate almalıdırlar.[76] Ulusal işlemlerin uzunluğu da ayrıca etkililik değerlendirmesinde bir faktördür.[77] Örneğin, Tanlı – Türkiye davası,[78] başvuru sahibinin oğlunun polis nezaretinde iken öldürülmesi ile ilgilidir. Cezaî kovuşturma yoluna gidilmiştir ama başvuru sahibinin oğlunun ölümünden bir yıl sekiz ay sonra bile, soruşturma hâlâ sonuca ulaştırılamamıştır. İşlenen suçun ciddî niteliği açısından, Komisyon cezaî kovuşturmanın etkili olmayan bir çözüm olduğu sonucuna varmıştır.

Çok sayıda muhtemel iç hukuk çözüm yolu söz konusu olabiliyorsa, başvuru sahibinden bunların hepsinden ya da daha fazla bir sonuç getirmeyecekse birden fazlasından yararlanması istenmez. Esasında aynı sonuca ulaşacaksa ve herhangi bir durumda daha fazla bir başarı şansı sunmayacaksa, Mahkeme, diğer yasal çözüm yollarına başvurmamasından dolayı başvuru sahibinin eleştirilemeyeceği sonucuna varmıştır.[79] İç hukuk yollarının tüketilmesi Mahkemeye başvurunun yapılmasından sonra da gerçekleşebilir ama iç hukuk çözüm yolunun bu şekilde tüketilmesi mutlaka kabule ilişkin karardan önce gerçekleştirilmelidir. [80]

Özel durumlar

70- R. – Birleşik Krallık davası (1993) 15 EHRR CD 100.

71- Buckley – Birleşik Krallık davası, No.20348/92, 3 Mart 1994; Temple – Birleşik Krallık davası (1986) 8 EHRR 252

72- Earl ve Countess Spencer – Birleşik Krallık davası, No.28851-2/95, 16 Ocak 1998.

73- Bakınız: Civet – Fransa davası, 28 Eylül 1999 tarihli Hüküm.

74- Bakınız: De Wilde, Ooms and Versyp – Belçika davası (1979) EHRR 373, para.62

75- Bakınız: Hilton – Birleşik Krallık davası, N.5613/72, 5 Mart 1976; 4DR 177; A.D.T. – Birleşik Krallık davası, 31 Temmuz 2000 tarihli Hüküm.

76- Bakınız H – Birleşik Krallık davası, No.10000/82, 33 DR 247.

77- Bakınız Tanlı – Türkiye davası, No.26129/94, 5 Mart 1996.

78- No.26129/94, 5 Mart 1996.

79- A – Fransa davası (1994) 17 EHRR 462, para.32.

80- No.9019/80, 7 Temmuz 1981, DR 27, s.281.

İstisnaî olarak, başvuru sahibini iç hukuk çözüm yollarını tüketmekten muaf tutan özel durumlar olabilir.[81] Ama, "özel durumlar" Sözleşme hakkında hukukî bilgi eksikliğini, avukatın tavsiyede savsaklama yapmış olmasını ya da başvuru sahibinin moral bozukluğunu kapsamaz.

Bir çözümün mevcudiyetinin gecikmesi başvuru sahibinin bundan yararlanmasının gereksiz olması anlamına gelebilir. Reed – Birleşik Krallık davasında,[82] başvuru sahibi 3. maddeye atıfta bulunarak, cezaevinde saldırıya uğradığı şikâyetini yapmıştır. Hükümet başvuru sahibinin hukuk davası açmaması nedeniyle iç hukuk çözüm yollarını tüketmediği iddiasında bulunmuştur. Mamafih, başvuru sahibinden ilk olarak şikâyetinin incelenmesi için cezaevi yetkilerine izin vermesi istenmiş ama kendisinin avukat istemi iki yıldan fazla bir süre kabul edilmemiştir. Bu şartlarda, iki yıllık bir dönemden sonra çözüm mevcut hale gelmesine rağmen, ilke olarak bir çözümün, özellikle de iddia edilen kötü muamele olaylarında, her mağdur kişi için derhal mümkün kılınması gerektiğinden başvuru sahibinin iç hukuk yollarını tüketmemiş olmasından dolayı başvuruda bulunması engellenmemiştir.

Altı aylık zaman sınırı

Genel ilkeler

35. maddenin 1. fıkrasına göre, Mahkeme ancak iç hukuk işlemlerinde verilen kesin karardan itibaren altı aylık süre içinde sunulan davaları ele alabilir.

Zaman sınırı, hukukî netliği teşvik etmek, yetkilileri bir ölçüde belirsizliğe karşı korumayı sağlamak ve geçmiş kararların sürekli olarak itiraza açık olmamasını garanti etmek niyetiyle getirilmiştir. Bu sınırlama ayrıca davaların makul bir süre içinde ele alınmasını sağlamak amacını taşımaktadır.Bu sınırlama, aksi takdirde kaybolabilecek delillerin elde edilmesi olasılığını arttırmaktadır. Ancak, Sözleşme ile ilgili davalar (ulusal mahkemelerde meselelerin ele alınmasında geçen süreye ilâveten) en azından ortalama dört-beş yılda birçok aşamadan geçerek ilerleme kaydedebilmektedir. Dava konusu mesele hakkında asıl olaydan çok yıllar sonra başvuru sahiplerinden ve tanıklardan (genellikle belge olarak ve nadiren sözlü olarak) delil sunmalarının istenmesi yaygın bir olgudur.

Mahkeme, altı ay kuralının muhtemel bir başvuru sahibine, başvuruda bulunup bulunmamayı düşünme ve başvuru yapacaksa muayyen şikâyetler ve belgeler ortaya koymasına karar verme imkânını sağladığı düşüncesindedir.

Başvuru sahibinden iç hukuk çözüm yollarını tüketmesi kuralı çerçevesinde başvurması istenen iç hukuk işlemlerinde nihaî kararın verildiği tarihten bir gün sonra süre işlemeye başlar. Genellikle bunun anlamı, mahkeme hükmünün verildiği tarihtir. Ama hüküm kamuya açık olarak verilmediyse, süre başvuru sahibinin ya da temsilcilerinin karardan haberdar edilmesinden sonra işlemeye başlar. [83] Bunun anlamı, başvuru sahibi daha sonra haberdar edilmese bile, başvuru sahibinin avukatının karara ilişkin ihbarnameyi almasıyla

81- Akdivar – Türkiye davası (1997) 23 EHRR 143.

82- (1981) 3 EHRR 136.

83- Bakınız örneğin, No.21034/92, 9 Ocak 1995, DR 80, s.87.

sürenin işlemeye başlamasıdır.

Eğer kararın gerekçesi kararın kamuya açıklandığı ya da başvuru sahibi veya temsilcisine bildirildiği tarihten sonraki bir tarihte açıklanırsa ve karar gerekçesi Sözleşme ihlâli ile ilgili AİHM'e yapılan başvuru ile bağlantılı ise, süre karar gerekçesinin açıklandığı tarihte işlemeye başlar.[84] Worm – Avusturya davasında,[85] başvuru sahibi gazeteci, eski bir Bakanla ilgili ceza davasının sonucunu etkileyici mahiyette olduğu düşünülen bir yazı yayınladığı için kovuşturmaya uğramıştır. Hükümet, hüküm fıkralarının ve ilgili gerekçenin Temyiz Mahkemesi tarafından açıklandığı tarihten sonraki altı ay içinde yapılmamış olmasından dolayı başvurunun kabul edilmesine karşı çıkmıştır. Beş ayı aşkın bir süre yazılı hükmün kopyası başvuru sahibine verilmemiştir. AİHM, dokuz sayfadan fazla tutan detaylı yasal gerekçeyi içeren yazılı mahkeme hükmünün alındı makbuzu tarihinden itibaren sürenin başlamış olduğuna hükmetmiştir.

Avrupa Adalet Divanı'nın (AAD) referans alınması ile bağlantılı olarak,[86] altı aylık zaman aşımı, AAD kararının kendi tarihinden itibaren değil yerel mahkemenin AAD kararını uygulaması ile işlemeye başlar.[87]

Eğer hiçbir iç hukuk çözüm yolu yoksa, uygulamacılar olaydan ya da şikâyet konusu karardan sonraki altı ay içinde veya başvuru sahibinin olay ya da karardan haberdar olma tarihinden sonraki altı ay içinde başvurularını yapmaları gerekir.[88] Bu, başvuru sahibi için başlangıçtan itibaren hiçbir etkin çözümün mevcut olmadığı yerde Mahkeme'nin yaklaşımı olacaktır.

AİHM nezdinde başvuru sahibinin gündeme alınmasını

önerdiği bir seri olayın olduğu durumlarda, en güvenli yol ilk olay tarihinden itibaren altı ay içinde bir başvurunun yapılmasıdır. Mamafih, eğer olaylar birbiri ile bağlantılı ise, olaylar serisi içindeki sonuncu olayın tarihinden itibaren altı ay içinde başvuru yapılması mümkün olabilir.

Altı aylık zaman sınırlamasına uyulması şartı, başvuru sahibinin şikâyet ettiği olayların belirtildiği bir mektubun sunulmasıyla yerine getirilebilir.(89) Öte yandan, çok istisnaî durumlar hariç bir başvuru telefonla sunulamaz.(90)

Ancak, eğer ilk mektup ile tam bir başvuru formunun sunulması arasında önemli ölçüde gecikme olursa, başvuru altı ay kuralını yerine getirmemiş duruma düşebilir.(91)

Altı ay kuralı bizatihi kendi başına hukukî netliği teşvik edici bir değere sahiptir ve dolayısıyla davalı Hükümetin bundan feragat etmesi söz konusu olamaz. (92)

84- No.22714/93, 27 Kasım 1995 DR 83-A, p.17.

85- (1998) 25 EHRR 454.

86- AT Anlaşması'nın 234. maddesi –eski 177.madde- çerçevesinde.

87- Bosphorus Hava Yolları Turizm ve Ticaret AS – İrlanda davası, No.45036/98, 13 Eylül 2001

88- Bakınız: No.7379/76, 10 Aralık 1976, DR 8, s.211; No.8840/78, 16 Temmuz 1980, DR 21, s.138; No.9499/81 11 Mart 1985, DR 42, s.33.

89- Bakınız: Allan – Birleşik Krallık davası No.48539/99, 28 Ağustos 2001.

90- West – Birleşik Krallık davası, No.34728/97, 20 Ekim 1997.a

91- Bakınız: No.22123/93, 31 Ağustos 1994, DR 79, s.72.

92- Bakınız: Walker – Birleşik Krallık davası, No.24979/97, 25 Ocak 2000.

Muğlâk çözümler

Başvuru sahibi etkisiz olduğu kanıtlanan bir çözüm yolunu izlediğinde, altı aylık süre izlenen etkin çözüm yolunun son kararının tarihinden itibaren (ya da hiçbir etkin çözüm yolu yoksa, olayın kendisinin olduğu tarihten itibaren) başlar. AİHM'e başvuracak muhtemel başvuru sahipleri için, özgül bir çare şeklinin 35. maddenin amaçları açısından "iç hukuk çözüm yolu"na denk düşüp düşmediği pek açık olmayabilir. Mamafih, eğer bir özgül "çözümün" etkililiği konusunda herhangi bir şüphe varsa, uygulamacılar müvekkilinin çıkarlarını korumak için Mahkemeye bir mektupla başlangıç başvurusu yapmayı dikkate almalıdırlar. Bu, Mahkemeye sadece bir mektup göndermek suretiyle yapılabilir. Bu prosedür ikinci bölümde açıklanmıştır. Bu gibi durumlarda, her ne kadar ulusal işlemlerde ortaya çıkacak gelişmelerden başvuru sahibi tarafından Mahkemenin haberdar edilmesini istemekle birlikte, Mahkeme genellikle tamamlanmış bir başvurunun yapılmasını şart koşmaz. Sonra, iç hukuk çözüm yolları tüketildiğinde, (başvuru için gerekli bütün koşulların yerine getirildiği) tamamlanmış bir başvuru yapılmalıdır. Eğer böylesi bir başlangıç mektubu sunulmamış olursa, Hükümetin, başvuru sahibi tarafından izlenen çözüm yolunun 35. maddenin amaçları bakımından "etkin" nitelikte olmadığını; bundan hareketle başvuruya esas alınacak tarihin bu etkin çözüm yolunun tüketildiği tarih değil de, daha önceki bir tarih olduğunu; ve dolayısıyla –eğer bu arada altı aylık süre dolmuşsa- başvurunun altı aylık sürenin bitmesinden sonra sunulmuş olmasından dolayı kabul edilemez ilân edilmesi gerektiğini ileri sürme tehlikesi vardır. Örneğin, Raphaie – Birleşik Krallık davasında,[93] davalı

Hükümet, başvuru sahibinin "etkin" olmayan cezaevi içi şikayet yolunu kullandığı temelinden hareketle bu hususu ileri sürerek başarılı olmuştur.

İç hukuk çözüm yolunun varlığı ya da etkililiği konusunda gerçek bir şüphe söz konusu olduğunda, Mahkeme altı ay kuralını uygulamada belki daha esnek olabilir. Mahkeme ulusal seviyede söz konusu sorunla ilgili durum netlik kazanmadan önce başvuru sahibinin şikâyette bulunmasını genellikle talep etmemektedir.[94] Eğer başvuru sahibi görünürde var olan çözüm yolunu izler ama daha sonra çözümü etkisiz kılan şartların farkına varırsa, altı aylık süre başvuru sahibinin çözümü etkisiz kılan şartların ilk farkına vardığı ya da farkına varması gerektiği tarihten itibaren başlar. [95]

Keenan – Birleşik Krallık davası,[96] başvuru sahibinin oğlunun cezaevinde intiharı ve nezarette iken intihar tehdidi yapmış olması gibi bir geçmişi olmasından hareketle cezaevi yetkililerinin oğlunun hayatını güvence altına almak için gereken tedbirleri almaması ile ilgilidir. Hükümet, hiçbir etkili iç hukuk çözüm yolu olmaması ve dolayısıyla başvuru sahibinin oğlunun ölümünden sonraki altı ay içinde şikayette bulunmuş olması gerektiğinden başvuru sahibinin altı ay kuralının gereğini yapmadığını iddia etmiştir. 1934 Hukuk Reformu Yasası (çeşitli hükümleri) çerçevesinde başvuru sahibi muhtemel bir çözüme ulaşma imkânına sahipti. Kendisi

93- No. 20035/92, 2 Aralık 1993.

94- Bakınız: No. 9599/81, 11 Mart 1985, DR 42, s.33.

95- Bakınız: No. 23654/94, 15 Mayıs 1995, DR 81, s.76.

96- No.27229/95, 22 Mayıs 1998: [1998] EHRLR 648.

uzman bir psikiyatristin ve sonra da hukuk müşavirinin görüşlerini almıştır. Hukuk müşaviri kendisi için hiçbir etkin iç hukuk yolunun bulunmadığı şeklinde görüş bildirmiştir. Başvuru, bu bilginin verilmesinden sonraki altı ay içinde açılmıştır. Komisyon, başvuru sahibinin hiçbir iç hukuk çözüm yolunun olmadığının farkına mantıken hukuk müşavirinin görüşünü aldığında varabildiği ve dolayısıyla altı aylık sürenin bu görüşün alındığı tarihte ancak başlayabileceği sonucuna varmıştır. Mamafih, eğer başvuru sahibi ya da avukatı tarafından yapılan bir istismar ya da geciktirme ile ilgili herhangi bir delil olsaydı durum değişik olabilirdi. Bu karara varılmasında olayın vahameti Komisyonu etkilemiş olabilir.

Edwards – Birleşik Krallık davası[97] başvuru sahibinin oğlunun 1994'te Chelmsford Cezaevinde tutuklu iken hücre arkadaşı tarafından tekmelenip bıçaklanarak öldürülmesi ile ilgilidir. Maktulün ebeveynleri 1996'da herhangi bir özel hukuk davasının ekonomik olmayacağı konusunda uyarılmışlar ve onlar ancak 1998'de sadece gayrî resmi soruşturma sonuçları yayınlandıktan sonra Strasburg başvurusunu yapmışlardır. Gene de Oğullarının cezaevindeki ölümü ile ilgili bilgileri başvuru sahiplerinin sağlamalarının zorluklarını hesaba katarak ve soruşturma sonuçlarını beklemiş olmalarının onlar açısından makul olduğu sonucuna vararak, Mahkeme hükümetin zaman aşımı ile ilgili iddialarını reddetmiştir.

Eğer iç hukuk yollarını izleyecek ya da temyize başvuracaksa, AİHM'e yapması söz konusu olacak her bir şikâyetle ilgili olarak bu çözüm yollarının elverişliliğini ya da çare getirecek olmasını garantilemek bakımından başvuru sahibinin dikkat göstermesi gerekmektedir.[98]

Bu çok sık olarak, işlemlerin adîlliği kadar başvuru sahibinin tutukluluğu ile ilgili yönlerin şikâyet konusu yapıldığı cezaî davalarda ortaya çıkmaktadır. Mamafih, eğer başvuru sahibinin mahkûmiyetinin yargılama öncesi tutuklamanın yasallığı sorunu ile bağlantılı değilse, gözaltı sorununun dikkatlice değerlendirilmesi gerekir ve Sözleşme ile ilgili başvuru en geç gözaltının bitmesinden sonraki altı ay içinde yapılmalıdır (ya da gözaltı ile ilgili iç hukuk çözüm yoluyla elde edilecek nihaî kararın verilmesinden sonraki altı ay içinde yapılmalıdır). Sözgelimi, Suriye Ali – Birleşik Krallık davasında,[99] başvuru sahibi 6. madde çerçevesinde, kendisine karşı yürütülen cezaî kovuşturmanın adîlliği ve ayrıca 5. madde çerçevesinde de, kendisinin ilk gözaltına alınışının yasallığı ile ilgili olarak şikâyette bulunmuştur. Davanın her iki yanıyla da ilgili başvuru, Temyiz Mahkemesi tarafından verilen hükmün iletilmesine kadar yapılmamıştır. Temyiz işlemlerinin gözaltı ile ilgili durumu etkilemesi sözkonusu olmadığından, başvuru sahibinin 5. madde ile ilgili AİHM'e yaptığı başvurunun zaman aşımına uğradığına hükmedilmiştir.

Sözleşme ihlâlinin devam etmesi

Başvuru sahibinin şikâyetçi olduğu sorunun devam ettiği durumlarda, zaman sınırı ihlâlinin devam eden etkileri bitene kadar başlamaz. İhlâlin bir kereye mahsus bir karar değil de devam eden bir ihlâl olduğu tespitini yaparken elbette çok dikkat etmek gerekir. Sözgelimi, yetişkin erkekler arasında

97- No.46477/99, 7 Haziran 2001.

98- Bakınız: Lines – Birleşik Krallık (1997) 23 EHRR CD 58.

99- No.25605/94, 28 Şubat 1996: [1996] EHRLR 428.

rızaya dayalı homoseksüel aktiviteleri suç sayan Kuzey İrlanda'daki yasaların varlığı ile ilgili Dudgeon – Birleşik Krallık davasındaki[100] gibi, başvuru sahibinin belli yasaların varlığının süregeldiği şikâyetini yaptığı durumlarda devam eden bir ihlâl vardır.

Hokkanen – Finlandiya davasında[101] ise, kızını görme hakkını kullanması uygulamada gerçekleşmediği için başvuru sahibinin 8. madde çerçevesindeki hakları çiğnenmiştir. AİHM'deki dava 1992'de açılmış ve AİHM, ihlâlin, başvuru sahibinin kızını görmesinin kızının isteğine aykırı olarak gerçekleştirilemeyeceğine dair Temyiz Mahkemesi kararının verildiği Eylül 1993 tarihine kadar başvuru sahibinin kızını görme hakkının uygulamaya geçirilememiş olmasından kaynaklandığı saptamasını yapmıştır.

İsimsiz başvurular

AİHM'ne yapılan başvurularda başvuru sahibinin kimliği mutlaka belirtilmelidir (Madde 35/2/a). Bu koşulun yerine getirilmediği bir başvuru bu gerekçeyle kabul edilmez ilân edilebilir.

Bazı davalarda kimliğinin açıklanmamasını istemesi için başvuru sahiplerinin çok geçerli nedenleri olabilir. Böylesi davalarda, (adı, adresi, doğum tarihi, milliyeti ve mesleği dahil) başvuru sahibinin kimlik bilgileri ile ilgili detaylara başvuruda yine de yer verilmelidir, ancak başvuru sahibi kimlik bilgilerinin saklı kalmasını talep edebilir. Eğer başvuru sahibinin kimlikle ilgili gizlilik talebi mahkeme tarafından kabul edilirse, dava raporlarında başvuru sahibinin kimliği ya isimlerinin baş harfleri ile ya da sadece bir harfle yer alır.

Mahkeme tarafından hâlihazırda incelenmiş bir sorunla öz olarak aynı olan davalar

Mahkeme tarafından zaten daha önce incelenmiş bir sorunla aynı mahiyette olan ve uygun yeni bir bilgi içermeyen bir başvuru kabul edilmez ilân edilir (Madde 35/2/b). Sözgelimi, uygun yeni bir bilgi ortaya konulmadıkça, aynı sorunla ilgili olarak daha önceki bir başvurunun tekrarı mahiyetindeki bir başvuru, bu gerekçe ile kabul edilmez ilân edilir.

Ancak, "uygun yeni bir bilgi" ile ilgili istisna önemlidir. Örneğin, iç hukuk çözüm yollarının tüketilmemiş olmasından dolayı daha önce kabul edilemez ilân edilmiş bir dilekçe, etkin iç hukuk yollarının tüketilmesinden sonra Mahkemeye yeniden sunulabilir. Ayrı bir başvurunun yapılmasını haklı kılacak yeni olgular ya da ulusal işlemlerin süresinin uzaması gibi ulusal işlemlerle ilgili yeni gelişmeler ortaya çıkabilir.[102] Ancak, ilâve hukukî iddialar "uygun yeni bir bilgi" olarak mütalâa edilmez.[103]

Hâlihazırda bir başka uluslararası soruşturma ya da çözüm merciîne sunulmuş bir başvurudaki konularla ilgili başvurular

Hâlihazırda bir başka uluslararası soruşturma ya da çözüm merciîne sunulmuş bir başvurudaki konularla ilgili olan ve uygun hiçbir yeni bilgi içermeyen bir başvuruyu AİHM dikkate almayabilir (Madde 35/2/b). Bu konu uygulamada çok ender olarak zorluklar yaratmıştır.[104]

100- (1982) 4 EHHR 149.

101- (1995) 19 EHHR 139.

102- Örnekler bakımından bakınız: No. 8233/78 3 Ekim 1979, s.122; 9621/81, 13 Ekim 1983; DR.33, s.217.

103- Bakınız: No.8206/78, 10 Temmuz 1981, DR.25, s.147.

104- Ancak, bakınız: Başvuru No. 17512/90, 6 Temmuz 73 DR 214.

Sözleşme hükümleri ile bağdaşmazlık

35. maddenin 3. fıkrası, Mahkemeden "Sözleşme ve protokolleri hükümleri dışında" kalan bir herhangi başvuruyu kabul edilemez ilân etmesini ister. Bu konunun dört cephesi bulunmaktadır:

- Bir devletin yargı yetkisi ile bağlantılı olarak mekân açısından getirilen sınırlamalar nedeniyle başvurunun Sözleşme ile bağdaşmazlığı ("ratione loci" olarak bilinir)
- Sözleşmenin öngördüğü haklar açısından getirilen sınırlamalar nedeniyle başvurunun Sözleşme ile bağdaşmazlığı ("ratione materiae" olarak bilinir);
- Bir devletin Sözleşme çerçevesindeki yükümlülüklerine ilişkin zaman sınırlamaları nedeniyle başvurunun Sözleşme ile bağdaşmazlığı ("ratione temporis" olarak bilinir)
- Sözleşme çerçevesindeki başvuruların kimler tarafından yapılacağı ve davalıların kimler olabileceği konusunda getirilen sınırlamalar nedeniyle başvurunun Sözleşme ile bağdaşmazlığı ("ratione personae" olarak bilinir).

Yargı yetkisi

Mekân açısından bağdaşmazlık ("ratione loci")

İddia konusu Sözleşme ihlâlinin davalı devletin yargı yetkisinin olduğu bir mekânın sınırları içinde meydana gelmesi gerekir. Eğer bir devlet 56. madde çerçevesinde Sözleşmenin "bağımlı topraklara" da uygulanacağını beyan etmişse, bu alana "bağımlı topraklar" da dahildir.

Örneğin, Kıbrıs – Türkiye davasında, Türkiye'nin Kıbrıs'taki silâhlı kuvvetlerinden sorumlu olduğuna hükmedilmiştir. Kıbrıs'taki Türk Silâhlı Kuvvetlerinin oradaki herhangi bir kişi ya da mülkü, "bu kişiler ya da mülkler üzerinde uyguladığı kontrol derecesinde" Türkiye'nin yargı yetki alanına soktuğu sonucuna varılmıştır. [105]

Genelde uluslararası bir kuruluşun kararı hakkında şikâyette bulunmak mümkün değildir. Ancak, bir devletin yetkilerini uluslararası bir kuruluşa devretmesi, bu devletin sorumluluklarından haliyle arınmış olduğu anlamına gelmez, çünkü aksi takdirde Sözleşme'nin getirdiği güvencelerin kolaylıkla ortadan kaldırılması ya da sınırlanması söz konusu olabilecektir.[106]

Öz açısından bağdaşmazlık ("ratione materiae")

Sözleşme tarafından hiçbir şekilde güvence altına alınmadığı açıkça belli olan haklar ve sözgelimi 8. madde çerçevesinde kişinin "özel hayatı"nın bir parçası olarak değerlendirilmeyen bir aktivitesi ile bağlantılı olanlar gibi[107] Sözleşme maddelerinin kapsamı dışında kalan haklar da dahil Sözleşme tarafından güvence altına alınmamış haklar, bu gerekçeyle kabul edilemez ilân edilir.

Zaman açısından bağdaşmazlık ("ratione tempor")

Sözleşmeyi onaylamamış ya da bireysel başvuru hakkını konuyla ilgili tarihte kabul etmemiş olan bir devlete karşı yapılan şikâyet kabul edilemez ilân edilir.

105- Kıbrıs – Türkiye davası, (1976) 4EHRR 482, para.83.

106- Beer ve Regan – Almanya davası, Waite ve Kennedy- Almanya davası, 18 Şubat 1999 tarihli Hüküm.

107- Botta – İtalya davası (1998) 26 EHRR 241.

Şikâyet konusu olayın Sözleşmenin yürürlüğe girmesinden önce başladığı ve bundan sonra devam ettiği durumlarda, Mahkemenin Sözleşmenin yürürlüğe girmesinden önce ortaya çıkan olguları dikkate alması her ne kadar mümkünse de, olayın Sözleşme yürürlüğe girdikten sonraki kısmı bir şikâyetin konusu olabilir.[108] Zana – Türkiye davası[109] Türkiye'nin bireysel başvuru hakkını kabul etmesinden önce başlayan cezaî kovuşturmanın uzaması ile ilgilidir. Kovuşturmanın uzunluğunun mâkuliyetini değerlendirirken, Mahkeme o tarih itibariyle kovuşturmanın iki yıl beş aydır sürüyor olmasını dikkate almıştır.

Kimlik açısından bağdaşmazlık ("ratione personae")

Bu şart genellikle devlete (ya da bir kamu makamı, mahkeme ya da üst mahkeme gibi devletle bağlantılı kuruma) yönelik olmayan, özel kişi ya da kuruluşlara yönelik şikâyetleri dıştalar.

Mamafih, Mahkeme yükümlülüklerini özel yapılara ya da kişilere devretmek suretiyle bir devletin kendini sorumluluktan muaf tutamayacağını vurgulamıştır. Costello ve Roberts – Birleşik Krallık davasında,[110] Mahkeme, özel bir okuldaki bedensel bir cezalandırma ile ilgili olayda bu ilkeyi uygulamıştır. Mahkeme, bir okulun disiplin sistemiyle ilgili sorumluluk da dahil, devletin çocuklara eğitim hakkını sağlama sorumluluğu olduğuna; eğitim hakkının özel okullardaki öğrencilere de devlet okullarındaki öğrencilerle aynı eşitlikte uygulanacağına hükmetmiştir.

Öte yandan, kimlik açısından bağdaşmazlıkla ilgili şartlarda istisnalar ortaya çıkabilmektedir. Sözgelimi bir bireyi diğer bireylerin eylemlerine karşı korumakta uygun önlemleri almamak suretiyle devletin iddia konusu ihlâllerden sorumlu olduğuna hükmedilebilmektedir. Örneğin, Young, James ve Webster – Birleşik Krallık davası,[111] kapalı dükkân anlaşmasına uymadıkları için işten çıkarılan İngiliz Demiryolları (British Rail) eski çalışanları ile ilgilidir. Mahkeme, başvuru sahiplerine yönelik bu muameleyi yasal kılan iç hukuk düzenlemesinden devletin sorumlu olduğuna hükmetmiştir.

Özel kişiler tarafından yapılan kötü muamelelerle ilgili davalarda, yetki alanı içindeki herkesin Sözleşmede belirtilen hak ve özgürlüklerini güvence altına almasını devletten isteyen 1. ve 3. maddenin ortaklaşa kapsamının getirdiği yükümlülükler, devlete Sözleşme çerçevesinde sorumluluk yüklemektedir. Dolayısıyla devlet, özel kişiler tarafından yapılsa bile bireylerin insanlık dışı ve aşağılayıcı muameleler ya da cezalandırılmalara muhatap olmasını engellemek için gerekli önlemleri almak zorundadır. Bu, bireylere ve özellikle de çocuklar ve akıl sağlığı ile ilgili problemleri olanlar gibi savunmasız bireylere yönelik kötü muameleleri engellemek amacıyla etkin caydırıcı önlemler almayı gerekli kılar.

A – Birleşik Krallık davası,[112] dokuz yaşındaki bir çocuğa üvey babası tarafından yapılan kötü muamele ile ilgilidir. Sopa ile dövmek suretiyle çocuğa fiilî bedensel zarar veren bir saldırıda bulunduğu için üvey baba adlî kovuşturmaya

108- Kerojarvi – Finlandiya, 19 Temmuz 1995 tarihli Hüküm.

109- 25 Kasım 1997 tarihli Hüküm, para.82.

110- (1995) 19 EHRR 112.

111- (1982) 4EHRR 112.

112- 23 Eylül 1998 tarihli Hüküm.

uğramış ancak beraat etmiştir. Diğerlerinin yanı sıra başvuru sahibi 3. maddenin ihlâl edildiği şikâyetini yapmıştır. Yapılan bir saldırı söz konusu muamelenin "makul bir cezalandırma"ya baliğ olduğu şeklinde savunulduğundan, Mahkeme, yasanın Sözleşmeye aykırı olarak başvuru sahibi için kötü muameleye karşı uygun bir koruma sağlamadığına hükmetmiştir. Bu husus Mahkeme'de Birleşik Krallık hükümeti tarafından da kabul edilmiştir.

Sözleşme ve ek protokollerini imzalamamış bir devlete karşı yapılan şikâyetler de ayrıca sözkonusu şart tarafından kapsam dışı tutulmuştur. Örneğin, bu gerekçeyle, Birleşik Krallık aleyhine yapılan 4. ve 7. protokollerle ilgili şikayetler, Birleşik Krallık bu protokollerin ikisini de henüz onaylamamış olduğu için kabul edilemez ilân edilmiştir.

Açık bir dayanaktan yoksunluk

Hazırlık soruşturmasında başvuru sahibi bir Sözleşme ihlâli ile ilgili ilk bakışta görülebilen dayanakları açığa koyamamışsa,[113] başvuru "açık bir dayanaktan yoksun" olduğu için kabul edilemez ilân edilebilir (Madde 35/3). Sözgelimi, başvuruyu destekleyecek kanıtlar gösterilememiş ya da şikâyet edilen olgular net bir şekilde Sözleşme hakları ile ilgili kısıtlama ve sınırlamalar içinde yer alıyor olabilir. Örneğin, başvuru sahibinin, telefon dinlenmesi ya da işkence gibi konularda yeterli deliller sunması gerekir ve bunun yapılmadığı yerde başvuru, açık bir dayanaktan yoksun olduğu gerekçesiyle kabul edilemez ilân edilebilir.

Uygulamada bu, gerek hazırlık soruşturmasının esasları ile ilgili bir teste dönüşmüştür ve çok sayıda dava bu gerekçe ile kabul edilemez ilân edilmiştir. Bu uygulama fiilen bir filtre mekanizması olup, en zayıf davaları kökten söküp atmaya yöneliktir. Mahkemenin ele almak durumunda olduğu çok büyük sayıda davanın olması dikkate alındığında, Strasburg sisteminin galiba kaçınılmaz bir parçası olarak bu durumla karşılaşılmaktadır. Ancak, Mahkemece davanın davalı Hükümetle yazışmaya değer olduğuna karar verilmesinden sonra bile ve sadece Hükümetin sunuşlarının ışığında, böylesi başvuruları hâlâ "açık bir dayanaktan yoksun" olarak nitelemek bir çeşit yanlış terminoloji kullanımı olmaktadır. Dahası, böylesi kararlar oybirliğini gerektirmemekte, Mahkeme Dairesi tarafından oy çokluğu ile alınabilmektedir.

Başvuru hakkının istismarı

35. maddenin 3. fıkrası çerçevesinde, Mahkeme, başvuru hakkının istismar edildiğini düşündüğü bir başvuruyu kabul edilemez ilân edebilir. Sırf ızrar ve tazyik için verilen[114] ya da hakaretamiz bir dille yazılan dilekçeler, bu gerekçe ile kabul edilemez ilân edilir. Uygun bilgileri kasten Mahkemeden saklamak, yine bu gerekçeyle başvurunun kabul edilemez ilân edilmesine yol açabilir.[115]

Foxley – Birleşik Krallık davasında,[116] başvurunun bir kısmı altı ay kuralına uyulmamasından ve bunun yanı sıra, başvuru sahibinin ilk temsilcisinin AİH Komisyonundan geldiği izlenimi veren sahte bir mektup kullandığına dair delil bulunduğu için

113- Brady – Birleşik Krallık davası, No.55151/00, 3 Nisan 2001.

114- Örneğin bakınız: No.13284/87, 15 Ekim 1987, DR 54, s.214 – "dayanaktan yoksun ve müşkülpesent şikâyetler" serisi.

115- Bakınız: No.13524/88, 12 Nisan 1991, DR 69, s.185, başvuru sahibinin gelişim halindeki belli iç hukuk düzenlemelerini kasten saklamamış olduğuna hükmedilen dava.

116- No. 33274/96, 12 Aralık 1999.

başvuru hakkının istismar edilmesinden dolayı kabul edilemez ilân edilmiştir. Drozd – Polonya davasında,[117] (başvuru sahibinin de Yazı Kurulu içinde yer aldığı) bir gazetede Komisyon'un bir yazısının yayınlanmasını müteakip Komisyonun gizlilik kuralları çiğnendiği için başvuru, Komisyonun dava listesinden düşürülmüştür.

Öte yandan, bu şart "siyasî" başvurular ile propaganda amaçlı başvurular için de geçerlidir. McFeeley – Birleşik Krallık davasında,[118] başvuru sahipleri Kuzey İrlanda'da Maze Cezaevi'ndeki şartları şikâyet etmişlerdir. Hükümet, bu şikâyetin reklâm ve propaganda güdüsüyle ve Hükümeti özel bir kategori statüsünü yeniden getirmesi yönünde baskı altına almayı amaçladığı için başvuru hakkının istismarı mahiyetinde olduğunu ileri sürmüştür. Komisyon, başvurunun delillerle desteklenmemiş olması ya da Sözleşme kapsamı dışında kalması halinde istismara ilişkin şikâyetin kabul edilebileceği saptamasını yaparak, hükümetin tezlerini reddetmiştir.

4. Çözümler

AİHM'nin birincil çözümü Sözleşme ihlâlinin olduğunu ilân etmektir. Mahkeme Sözleşme ihlâli saptamalarını yaptığında, eğer tazminat sorunu karar aşamasına gelmişse, karar (Kasım 1998 öncesindeki eski 50. madde, şimdiki) 41. madde çerçevesinde "hakkaniyete uygun tatmin"i içerebilir.

Madde 41

Mahkeme, işbu Sözleşme ve protokollerinin ihlal edildiğine karar verirse ve ilgili Yüksek Sözleşmeci Tarafın iç hukuku bu ihlali ancak kısmen telafi edebiliyorsa, Mahkeme, gerektiği takdirde, hakkaniyete uygun bir surette, zarar gören tarafın tatminine hükmeder

41. madde çerçevesindeki hakkaniyete uygun tatmin, maddî ve manevî kayıplar ile adlî masraflar ve harcamalar için tazminat ödenmesini kapsayabilir. Hakkaniyete uygun tatmin hükmü mahkemenin takdir yetkisi içinde olan adil bir çözümdür.

Maddî ve manevî tazminat

Tazminat miktarları, Avrupa Konseyi'nin eski üyeleri olan bir çok devletteki ulusal mahkemeler tarafından verilen tazminat kararlarına kıyasla, genelde daha düşüktür. Bunun nedeni muhtemelen, Strasburg'daki birincil çözümün Sözleşme ihlâli saptaması olduğu şeklindeki egemen görüştür. Gerçekten de bir çok davada, Mahkeme, hakkaniyete uygun çözüm için ihlâlin ilân edilmesinin "yeterli" olduğu gerekçesiyle herhangi bir zarar tazminini reddetmektedir. Hakkaniyete uygun tatmin için tazminata hükmedilmesini değerlendirirken AİHM'nin ulusal mahkemeler tarafından kullanılan ilkeleri ve ölçüm kıstaslarını dikkate alması pek olası değildir.[119]

Mahkeme zarar tazmininde (yasal olmayan gözaltılar için saat tarifesi gibi) özgül hesaplama yöntemleri belirlemek yerine, hakkaniyete uygun tatmin değerlendirmesinde genel ilkeler uygular. Bir kararın hukukî etkisi, ihlâlin sonuçlarını onarmak üzere davalı devlete ihlâl öncesi varolan durumu mümkün

117- No.25403/94, 5 Mart 1996: [1996] EHRLR 430 – Bu dava 35/1/c maddesi gereği düşürülmüştür.

118- (1981) 3EHRR 161.

119- Osman – Birleşik Krallık davası (2000) 29 EHRR 245, para.164.

olduğunca geri getirmesini (restitutio in integrum) sağlayacak görevler yüklemesidir. Sözleşme ihlâli söz konusu olmuşsa, Mahkeme kendisinin başvuru sahibinin ulusal işlemlerde elde ettiği sonuçlar üzerinde spekülasyon yapacak konumda olmadığı yorumunu sürekli olarak yapmaktadır. Bu konum, sözgelimi cezaî kovuşturmada âdil yargılama hakkının ihlâl edildiği davalarda sık sık ortaya çıkmaktadır.[120] Örneğin Findlay – Birleşik Krallık davasında,[121] başvuru sahiplerinin, 6. maddenin 1. fıkrası ihlâl edilerek askeri mahkeme tarafından verilen mahkûmiyet ve cezayı müteakiben 440.200 İngiliz Sterlini kayba uğradıkları iddiasını Mahkeme bu nedenle reddetmiştir. Bir çok keresinde Mahkeme tazminata "âdil bir temelde" hükmedildiğini beyan etmiştir.

Davalı devletin tazminat ve masrafları genellikle karar tarihinden sonraki ilk üç ay içinde ödemesi açıkça istenir. Mahkeme, bu süre içinde ödenmemiş herhangi bir miktar için belirlenmiş bir oran üzerinden faiz ödenmesine hükmeder.

Hakkaniyete uygun tatminle ilgili detaylı talepler başvuru sahibi tarafından yapılması hayatî önem taşımaktadır. Zira, başvuru sahibinin böylesi bir talepte bulunmadığı durumlarda, Mahkemenin kendiliğinden teklif getirip bunu karara bağlaması söz konusu değildir. [122]

Ceza anlamında ya da ağır zarar mahiyetindeki tazminat talepleri, böylesi tazminatlara hükmedilmesi olasılığı yok sayılmaksızın, Mahkeme tarafından şu ana kadar reddedilmiştir.[123]

Diğerlerinin yanı sıra, şahsî yaralanma ile ilgili olarak son yıllarda Mahkemenin hükmettiği en yüksek tazminatlardan biri, Fransız polisi tarafından başvuru sahibine yapılan işkenceyi müteakiben açılan Selmouni – Fransa davasındaki[124] 500,000 Fransız Frangı tutarındaki tazminattır. Tomasi – Fransa davasında ise,[125] poliste nezarette iken kötü muameleye maruz kalan başvuru sahibine maddî ve manevî tazminat olarak 700,000 Fransız Frangı ödenmesine hükmedilmiştir.

Başvuru sahibinin davranışları da tazminatın değerlendirilmesinde ayrıca bir faktördür. "Cebelitarık'ta üç terör şüphelisinin bomba yerleştirmeye niyetlenmiş olması gerçeği dikkate alınarak", McCann – Birleşik Krallık davasında [126] hiçbir tazminat ödenmemiştir.

Maddî zarar talebinin başarıya ulaşması için, başvuru sahibinin ihlâl ile talep edilen zarar arasında nedensel bir bağın varlığını kanıtlaması gerekmektedir. Maddî tazminatlar, kazanç kaybını (geçmişte ve gelecekteki), emeklilik ücret ve tazminatlarını, uygulanan para cezalarını ve vergileri, meydana gelen masrafları, miras kayıplarını ve toprak değer kayıplarını da içerebilmektedir. Manevî tazminatlar, çekilen

120- Bakınız: Hood – Birleşik Krallık davası (2000) 29 EHRR 365, para.86.

121- (1997) 24 EHRR 221.

122- Bakınız Moore ve Gordon – Birleşik Krallık davası (2000) 29 EHRRR 728, para.28.

123- Bakınız: Selcuk ve Asker – Türkiye davası, (1998) 26 EHRR 477, para.119 ve Hood – Birleşik Krallık davası (2000) 29 EHRR 365, para.89.

124- (2000) 29 EHRR 403.

125- (1993) 15 EHRR 1.

126- (1996) 21 EHRR 97, para.219.

acı ve mağduriyet, ıstırap ve elem, travma, bunalım, hüsran, tecrit ve çaresizlik duygusu ve haksızlığa uğrama ve fırsat yitirme ile bağlantılı unsurları içerebilmektedir.

Masraf ve harcamalar

Mahkeme, aşağıda belirtilen her bir şartın yerine getirilmesi kaydıyla bir başvuru sahibine yaptığı masraflardan dolayı ödeme yapılmasına hükmedebilir. Bu şartlar şunlardır:

(a) Masraf gerçekten yapılmış olmalıdır;

(b) Bu masraflar gerekli olmalıdır;

(c) Masraflar miktar bakımından makul olmalıdır.

AİHM işlemleri ile ilgili masrafların yanı sıra, başarılı bir başvuru, Sözleşme ihlâlleri ile bağlantılı çözümleri sağlamayı amaçlayan iç hukuk işlemleri sırasında yapılan masrafları geri almayı da gündeme getirebilir.[127] Ulusal ödeme ölçekleri ile ilinti kurulabilirse de, bunlar Mahkeme açısından bağlayıcı nitelikte değildir.

Hizmetin yerine getirilmesi sırasında ortaya çıkan masrafları, çalışılan saatleri ve harcamaların detaylarını ortaya koyan detaylı faturaları Mahkemeye sunmak elzemdir. Hukukî temsilcinin ücretsiz olarak çalıştığı durumda bununla ilgili bir masrafın ortaya çıktığı düşünülmez ve dolayısıyla 41. madde gereği bu masrafın talep edilmesi söz konusu olamaz.[128]

Eğer başvuru sahibi kendi açısından Sözleşme ihlâlinin olduğunu ortaya koymakta başarısız olursa, bu husus Mahkeme'nin istenen masraflarda azaltmaya gitmesinde bir faktör olarak ortaya çıkabilir.

Kararda masraf ödemelerinin KDV'yi kapsadığı ya da kapsamadığı belirtilir ve Mahkeme tarafından adlî yardım olarak daha önceden ödenen miktar hükmedilen miktardan düşürülür.

Başarısız kalan başvuru sahibine masraflarının ödenmesi ile ilgili olarak Sözleşmede hiçbir hükme yer verilmemiştir.

127- Bakınız: Lustig-Prean ve Beckett – Birleşik Krallık davası, 25 Temmuz 2000 tarihli Hüküm, para.30-33.
128- McCann – Birleşik Krallık davası (1996) 21 EHRR 97, para.221.

E K L E R

Council of Europe
Conseil de l'Europe
Version turque/turquish version
Çeviri

İnsan Hakları ve Temel Özgürlüklerin Korunmasına ilişkin Sözleşme (ile Ek Protokol ve Protokol no. 4, 6 ve 7)

11. Protokol ile değiştirilen metin

Sözleşme metni, 21 Eylül 1970'te yürürlüğe giren 3 nolu Protokol'ün, 20 Aralık 1971'de yürürlüğe giren 5 nolu Protokol'ün ve 1 Ocak 1990'da yürürlüğe giren 8 nolu Protokol'ün düzenlemelerine uygun olarak değiştirilmişti. Ayrıca, yürürlüğe girdiği 21 Eylül 1970'ten bu yana 5. maddesinin 3. fıkrasına uygun olarak Sözleşme'nin bir parçası olan 2 nolu Protokol'ün metnini içermekteydi. Protokollerin getirdiği bütün bu değişikliklerin veya eklemelerin yerini, yürürlüğe girdiği tarih olan 1 Kasım 1998'den itibaren 11 nolu Protokol almaktadır. Bu tarihten itibaren, 1 Ekim 1994'te yürürlüğe giren 9 nolu Protokol yürürlükten kaldırılmıştır.

(Yürürlüğe giriş tarihi: 1 Kasım 1998)

Aşağıda imzası bulunan Avrupa Konseyi üyesi hükümetler;

Birleşmiş Milletler Genel Kurulu tarafından 10 Aralık 1948'de ilan edilen İnsan Hakları Evrensel Bildirisi'ni, bu Bildiri'nin, metninde açıklanan hakların her yerde ve etkin olarak tanınmasını ve uygulanmasını sağlamayı hedef aldığını, Avrupa Konseyi'nin amacının, üyeleri arasında daha sıkı bir birlik kurmak olduğunu ve insan hakları ile temel özgürlüklerin korunması ve geliştirilmesinin bu amaca ulaşma yollarından birini oluşturduğunu göz önüne alarak, dünyada barış ve adaletin asıl temelini oluşturan ve sağlanıp korunabilmesi, her şeyden önce, bir yandan gerçekten demokratik bir siyasal rejime, diğer yandan da insan hakları konusunda ortak bir anlayış ve ortaklaşa saygı esasına bağlı olan bu temel özgürlüklere derin inançlarını bir kez daha tekrarlayarak, aynı inancı taşıyan ve siyasal gelenekler, idealler, özgürlüklere saygı ve hukukun üstünlüğü konularında ortak bir mirası paylaşan Avrupa devletlerinin hükümetleri sıfatıyla, Evrensel Bildiri'de yer alan bazı hakların ortak güvenceye bağlanmasını sağlama yolunda ilk adımları atmayı kararlaştırarak, aşağıdaki hususlarda anlaşmışlardır:

Madde 1 İnsan haklarına saygı yükümlülüğü

Yüksek Sözleşmeci Taraflar kendi yetki alanları içinde bulunan herkese bu Sözleşme'nin birinci bölümünde açıklanan hak ve özgürlükleri tanırlar.

BÖLÜM I Haklar ve Özgürlükler

Madde 2 Yaşama hakkı

1. Herkesin yaşam hakkı yasanın koruması altındadır. Yasanın ölüm cezası ile cezalandırdığı bir suçtan dolayı hakkında mahkemece hükmedilen bu cezanın yerine getirilmesi dışında hiç kimse kasten öldürülemez.
2. Öldürme, aşağıdaki durumlardan birinde kuvvete başvurmanın kesin zorunluluk haline gelmesi sonucunda meydana gelmişse, bu maddenin ihlali suretiyle yapılmış sayılmaz:
   - **a)** Bir kimsenin yasa dışı şiddete karşı korunması için;
   - **b)** Usulüne uygun olarak yakalamak veya usulüne uygun olarak tutuklu bulunan bir kişinin kaçmasını önlemek için;
   - **c)** Ayaklanma veya isyanın yasaya uygun olarak bastırılması için.

Madde 3 İşkence yasağı

Hiç kimse işkenceye, insanlık dışı ya da onur kırıcı ceza veya işlemlere tabi tutulamaz.

Madde 4 Kölelik ve zorla çalıştırma yasağı

1. Hiç kimse köle ve kul halinde tutulamaz.
2. Hiç kimse zorla çalıştırılamaz ve zorunlu çalışmaya tabi tutulamaz.
3. Aşağıdaki haller bu maddede sözü geçen "zorla çalıştırma veya zorunlu çalışma"dan sayılmazlar:
   - **a)** Bu Sözleşme'nin 5. maddesinde öngörülen koşullar altında tutuklu bulunan kimseden tutukluluğu veya şartlı salıverilmesi süresince olağan olarak yapılması istenen çalışma;
   - **b)** Askeri nitelikte bir hizmet veya inançları gereğince askerlik görevini yapmaktan kaçınan kimselerin durumunu meşru sayan ülkelerde, bu inanca sahip kimselere zorunlu askerlik yerine gördürülecek başka bir hizmet;
   - **c)** Toplumun hayat veya refahını tehdit eden kriz ve afet hallerinde istenecek her hizmet;
   - **d)** Normal yurttaşlık yükümlülükleri kapsamına giren her türlü çalışma veya hizmet.

Madde 5 Özgürlük ve güvenlik hakkı

1. Herkesin kişi özgürlüğüne ve güvenliğine hakkı vardır. Aşağıda belirtilen haller ve yasada belirlenen yollar dışında hiç kimse özgürlüğünden yoksun bırakılamaz:

a) Yetkili mahkeme tarafından mahkum edilmesi üzerine bir kimsenin usulüne uygun olarak hapsedilmesi;

b) Bir mahkeme tarafından yasaya uygun olarak verilen bir karara riayetsizlikten dolayı veya yasanın koyduğu bir yükümlülüğün yerine getirilmesini sağlamak için bir kimsenin usulüne uygun olarak yakalanması veya tutulması;

c) Suç işlediği hakkında geçerli şüphe bulunan veya suç işlemesine ya da suçu işledikten sonra kaçmasına engel olmak zorunluluğu inancını doğuran makul nedenlerin bulunması dolayısıyla, bir kimsenin yetkili merci önüne çıkarılmak üzere yakalanması ve tutulması;

d) Bir küçüğün gözetim altında eğitimi için usulüne uygun olarak verilmiş bir karar gereği tutulması veya yetkili merci önüne çıkarılmak üzere usulüne uygun olarak tutulması;

e) Bulaşıcı hastalık yayabilecek bir kimsenin, bir akıl hastasının, bir alkoliğin, uyuşturucu madde bağımlısı bir kişinin veya bir serserinin usulüne uygun olarak tutulması;

f) Bir kişinin usulüne aykırı surette ülkeye girmekten alıkonması veya kendisi hakkında sınır dışı etme ya da geri verme işleminin yürütülmekte olması nedeniyle usulüne uygun olarak yakalanması veyatutulması;

2. Yakalanan her kişiye, yakalama nedenleri ve kendisine yöneltilen her türlü suçlama en kısa zamanda ve anladığı bir dille bildirilir.

3. Bu maddenin 1.c fıkrasında öngörülen koşullar uyarınca yakalanan veya tutulan herkes hemen bir yargıç veya adli görev yapmaya yasayla yetkili kılınmış diğer bir görevli önüne çıkarılmalıdır; kişinin makul bir süre içinde yargılanmaya veya adli kovuşturma sırasında serbest bırakılmaya hakkı vardır. Salıverilme, ilgilinin duruşmada hazır bulunmasını sağlayacak bir teminata bağlanabilir.

4. Yakalama veya tutulma nedeniyle özgürlüğünden yoksun kılınan herkes, özgürlük kısıtlamasının yasaya uygunluğu hakkında kısa bir süre içinde karar vermesi ve yasaya aykırı görülmesi halinde, kendisini serbest bırakması için bir mahkemeye başvurma hakkına sahiptir.

5. Bu madde hükümlerine aykırı olarak yapılmış bir yakalama veya tutma işleminin mağduru olan herkesin tazminat istemeye hakkı vardır.

Madde 6 Adil yargılanma hakkı

1. Herkes, gerek medeni hak ve yükümlülükleriyle ilgili nizalar, gerek cezai alanda kendisine yöneltilen suçlamalar konusunda karar verecek olan, yasayla kurulmuş, bağımsız ve tarafsız bir mahkeme tarafından davasının makul bir süre içinde, hakkaniyete uygun ve açık olarak görülmesini isteme hakkına sahiptir.
   Hüküm açık oturumda verilir; ancak, demokratik bir toplumda genel ahlak, kamu düzeni ve ulusal güvenlik yararına, küçüklerin korunması veya davaya taraf olanların özel hayatlarının gizliliği gerektirdiğinde veya davanın açık oturumda görülmesinin adaletin selametine zarar verebileceği bazı özel durumlarda, mahkemenin zorunlu göreceği ölçüde, duruşmalar dava süresince tamamen veya kısmen basına ve dinleyicilere kapalı olarak sürdürülebilir.
2. Bir suç ile itham edilen herkes, suçluluğu yasal olarak sabit oluncaya kadar suçsuz sayılır.
3. Her sanık en azından aşağıdaki haklara sahiptir:
   a) Kendisine yöneltilen suçlamanın niteliği ve nedeninden en kısa zamanda, anladığı bir dille ve ayrıntılı olarak haberdar edilmek;
   b) Savunmasını hazırlamak için gerekli zamana ve kolaylıklara sahip olmak;
   c) Kendi kendini savunmak veya kendi seçeceği bir avukatın yardımından yararlanmak ve eğer avukat tutmak için mali olanaklardan yoksunsa ve adaletin selameti gerektiriyorsa, mahkemece görevlendirilecek bir avukatın para ödemeksizin yardımından yararlanabilmek;
   d) İddia tanıklarını sorguya çekmek veya çektirmek, savunma tanıklarının da iddia tanıklarıyla aynı koşullar altında çağrılmasının ve dinlenmesinin sağlanmasını istemek;
   e) Duruşmada kullanılan dili anlamadığı veya konuşmadığı takdirde bir tercümanın yardımından para ödemeksizin yararlanmak.

Madde 7 Cezaların yasallığı

1. Hiç kimse, işlendiği zaman ulusal ve uluslararası hukuka göre suç sayılmayan bir fiil veya ihmalden dolayı mahkum edilemez. Yine hiç kimseye, suçun işlendiği sırada uygulanabilecek olan cezadan daha ağır bir ceza verilemez.
2. Bu madde, işlendiği zaman uygar uluslar tarafından tanınan genel hukuk ilkelerine göre suç sayılan bir fiil veya ihmal ile suçlanan bir kimsenin yargılanmasına ve cezalandırılmasına engel değildir.

Madde 8 Özel hayatın ve aile hayatının korunması

1. Herkes özel hayatına, aile hayatına, konutuna ve haberleşmesine saygı gösterilmesi hakkına sahiptir.
2. Bu hakkın kullanılmasına bir kamu otoritesinin müdahalesi, ancak ulusal güvenlik, kamu emniyeti, ülkenin ekonomik refahı, dirlik ve düzenin korunması, suç işlenmesinin önlenmesi, sağlığın veya ahlakın veya başkalarının hak ve özgürlüklerinin korunması için, demokratik bir toplumda zorunlu olan ölçüde ve yasayla öngörülmüş olmak koşuluyla söz konusu olabilir.

Madde 9 Düşünce, vicdan ve din özgürlüğü

1. Herkes düşünce, vicdan ve din özgürlüğüne sahiptir. Bu hak, din veya inanç değiştirme özgürlüğü ile tek başına veya topluca, açıkça veya özel tarzda ibadet, öğretim, uygulama ve ayin yapmak suretiyle dinini veya inancını açıklama özgürlüğünü de içerir.
2. Din veya inancını açıklama özgürlüğü ancak kamu güvenliğinin, kamu düzenin, genel sağlığın veya ahlakın ya da başkalarının hak ve özgürlüklerinin korunması için demokratik bir toplumda zorunlu tedbirlerle ve yasayla sınırlanabilir.

Madde 10 İfade özgürlüğü

1. Herkes görüşlerini açıklama ve anlatım özgürlüğüne sahiptir. Bu hak, kanaat özgürlüğü ile kamu otoritelerinin müdahalesi ve ülke sınırları söz konusu olmaksızın haber veya fikir alma ve verme özgürlüğünü de içerir. Bu madde, devletlerin radyo, televizyon ve sinema işletmelerini bir izin rejimine bağlı tutmalarına engel değildir.
2. Kullanılması görev ve sorumluluk yükleyen bu özgürlükler, demokratik bir toplumda zorunlu tedbirler niteliğinde olarak, ulusal güvenliğin, toprak bütünlüğünün veya kamu emniyetinin korunması, kamu düzeninin sağlanması ve suç işlenmesinin önlenmesi, sağlığın veya ahlakın, başkalarının şöhret ve haklarının korunması veya yargı gücünün otorite ve tarafsızlığının sağlanması için yasayla öngörülen bazı biçim koşullarına, sınırlamalara ve yaptırımlara bağlanabilir.

Madde 11 Dernek kurma ve toplantı özgürlüğü

1. Herkes asayişi bozmayan toplantılar yapmak, dernek kurmak, ayrıca çıkarlarını korumak için başkalarıyla birlikte sendikalar kurmak ve sendikalara katılmak haklarına sahiptir.
2. Bu hakların kullanılması, demokratik bir toplumda zorunlu tedbirler

niteliğinde olarak, ulusal güvenliğin, kamu emniyetinin korunması, kamu düzeninin sağlanması ve suç işlenmesinin önlenmesi, sağlığın veya ahlakın veya başkalarının hak ve özgürlüklerinin korunması amaçlarıyla ve ancak yasayla sınırlanabilir. Bu madde, bu hakların kullanılmasında silahlı kuvvetler, kolluk mensupları veya devletin idare mekanizmasında görevli olanlar hakkında meşru sınırlamalar konmasına engel değildir.

Madde 12 Evlenme hakkı

Evlenme çağına gelen erkek ve kadın, bu hakkın kullanılmasını düzenleyen ulusal yasalar uyarınca evlenme ve aile kurma hakkına sahiptir.

Madde 13 Etkili başvuru hakkı

Bu Sözleşme'de tanınmış olan hak ve özgürlükleri ihlal edilen herkes, ihlal fiili resmi görev yapan kimselertarafından bu sıfatlarına dayanılarak yapılmış da olsa, ulusal bir makama etkili bir başvuru yapabilme hakkına sahiptir.

Madde 14 Ayrımcılık yasağı

Bu Sözleşme'de tanınan hak ve özgürlüklerden yararlanma, cinsiyet, ırk, renk, dil, din, siyasal veya diğer kanaatler, ulusal veya sosyal köken, ulusal bir azınlığa mensupluk, servet, doğum veya herhangi başka bir durum bakımından hiçbir ayrımcılık yapılmadan sağlanır.

Madde 15 Olağanüstü hallerde askıya alma

1. Savaş veya ulusun varlığını tehdit eden başka bir genel tehlike halinde her Yüksek Sözleşmeci Taraf, durumun gerektirdiği ölçüde ve uluslararası hukuktan doğan başka yükümlülüklere ters düşmemek koşuluyla, bu Sözleşme'de öngörülen yükümlülüklere aykırı tedbirler alabilir.
2. Yukarıdaki hüküm, Yüksek Sözleşmeci Taraf'ı, meşru savaş fiilleri sonucunda meydana gelen ölüm hali dışında, 2. madde ile 3. ve 4. maddeler (fıkra 1) ve 7. maddeyi hiçbir suretle ihlale mezun kılmaz.
3. Bu maddeye göre aykırı tedbirler alma hakkını kullanan her Yüksek Sözleşmeci Taraf, alınan tedbirler ve bunları gerektiren nedenler hakkında Avrupa Konseyi Genel Sekreteri'ne tam bilgi verir. Bu Yüksek Sözleşmeci Taraf, sözü geçen tedbirlerin yürürlükten kalktığı tarihi de Avrupa Konseyi Genel Sekreteri'ne bildirir.

Madde 16 Yabancıların siyasal etkinliklerinin kısıtlanması

10, 11 ve 14. maddelerin hiçbir hükmü, Yüksek Sözleşmeci Taraflar'ın yabancıların siyasal etkinliklerini sınırlamalarına engel sayılmaz.

Madde 17 Hakların kötüye kullanımının yasaklanması

Bu Sözleşme hükümlerinden hiçbiri, bir devlete, topluluğa veya kişiye, Sözleşme'de tanınan hak ve özgürlüklerin yok edilmesine veya burada öngörüldüğünden daha geniş ölçüde sınırlamalara uğratılmasına yönelik bir etkinliğe girişme ya da eylemde bulunma hakkını sağlar biçimde yorumlanamaz.

Madde 18 Hakların kısıtlanmasının sınırları

Bu Sözleşme'nin hükümleri gereğince, sözü edilen hak ve özgürlüklere getirilen sınırlamalar ancak öngörülen amaçlar için uygulanabilir.

BÖLÜM II Avrupa İnsan Hakları Mahkemesi

Madde 19 Mahkeme'nin kuruluşu

Bu Sözleşme ve protokollerine, Yüksek Sözleşmeci Taraflar'ca kabul edilen yükümlülüklere uyulmasını sağlamak için, aşağıda "Mahkeme" olarak anılacak bir Avrupa İnsan Hakları Mahkemesi kurulur. Mahkeme devamlı görev yapar.

Madde 20 Yargıç sayısı

Mahkeme, Yüksek Sözleşmeci Taraflar'ın sayısına eşit sayıda yargıçtan oluşur.

Madde 21 Görev için aranan koşullar

1. Yargıçlar üstün ahlaki vasıflara ve yüksek bir hukuki göreve atanmak için gerekli niteliklere sahip veya ehliyetleriyle tanınmış hukukçu olmalıdırlar.
2. Yargıçlar Mahkeme'ye kendi adlarına katılırlar.
3. Yargıçlar görev süreleri içinde bağımsızlıkları, tarafsızlıkları ve daimi görevin gerekleri ile bağdaşmayan herhangi bir görev üstlenemezler; bu fıkranın uygulanmasından doğan sorunlar Mahkeme tarafından karara bağlanır.

Madde 22 Yargıçların seçimi

1. Yargıçlar, her Yüksek Sözleşmeci Taraf için, o Yüksek Sözleşmeci Taraf tarafından gösterilen ve üç aday içeren bir liste üzerinden Parlamenterler Meclisi tarafından oy çokluğu ile seçilirler.
2. Yeni Yüksek Sözleşmeci Taraflar'ın bu Sözleşme'ye katılmaları halinde Mahkeme'yi tamamlamak ve boşalan üyelikleri doldurmak için aynı usul izlenir.

Madde 23 Görev süreleri

1. Yargıçlar altı yıl için seçilirler. Tekrar seçilmeleri mümkündür. Bununla beraber ilk seçilen yargıçlardan yarısının görev süresi üç yılın sonunda sona erecektir.
2. İlk üç yıllık sürenin sonunda görevleri sona erecek olan üyeler, ilk seçimlerin yapılmasından hemen sonra, Avrupa Konseyi Genel Sekreteri tarafından kura çekmek süretiyle saptanır.
3. Yargıçların imkan ölçüsünde yarısının her üç yılda bir yenilenmesini sağlamak için, Parlamenterler Meclisi bir sonraki seçime geçmeden önce seçilecek yargıçlardan bir veya birkaçının görev süresinin veya sürelerinin üç yıldan az veya dokuz yıldan çok olmamak şartı ile, altı yıl dışında bir süre olmasına karar verebilir.
4. Birden fazla üyenin görev süresinin söz konusu olduğu durumlarda ve Parlamenterler Meclisi'nin yukardaki fıkrayı uygulaması halinde, görev sürelerinin üyelere dağılımı, Genel Sekreter'in seçimden hemen sonra yapacağı kura sonucu belirlenir.
5. Görev süresi bitmemiş bir yargıcın yerine seçilen yargıç, selefinin görev süresini tamamlar.
6. Yargıçların görev süreleri 70 yaşında sona erer.
7. Yargıçlar, yerlerine başkası seçilinceye kadar görev yaparlar. Yerlerine başkası seçildikten sonra da kendilerine havale edilmiş olan davalara bakmaya devam ederler.

Madde 24 Görevden alınma

Bir yargıç ancak, diğer yargıçlar tarafından, artık gerekli koşulları taşımadığına ilişkin üçte iki çoğunluk ile alınacak kararla görevden alınabilir.

Madde 25 Yazı İşleri ve hukukçular

Mahkeme'de, görev ve kuruluşu Mahkeme içtüzüğünde belirlenen bir Yazı İşleri Müdürlüğü bulunur. Mahkeme'ye yazı işlerinde görevli hukukçular yardım eder.

Madde 26 Mahkeme'nin Genel Kurul halinde toplanması

Genel Kurul halinde toplanan Mahkeme,

a) üç yıllık bir süre için başkanını ve bir veya iki başkan yardımcısını seçer, bu kişilerin tekrar seçilmeleri mümkündür;

b) belirli süreler için Daire'ler kurar;

c) Mahkeme, Daire başkanlarını seçer, bu kişilerin tekrar seçilmeleri mümkündür;

d) Mahkeme içtüzüğünü kabul eder;

e) Yazı İşleri Müdürü'nü ve bir veya birden fazla müdür yardımcısını seçer.

Madde 27 Komiteler, Daire'ler ve Büyük Daire

1. Mahkeme, önüne gelen başvuruları incelemek üzere üç yargıçlı komiteler, yedi yargıçlı Daire'ler ve onyedi yargıçlı bir Büyük Daire şeklinde toplanır. Mahkeme'nin Daire'leri belirli bir süre için komiteleri oluşturur.
2. Başvuruya konu olan Taraf Devlet adına seçilmiş yargıç, Daire ve Büyük Daire'de vazifeten yer alır; bu yargıcın yokluğunda veya katılması mümkün olmayan durumlarda, anılan devletin belirleyeceği bir kişi yargıç sıfatıyla Daire ve Büyük Daire'de yer alır.
3. Büyük Daire ayrıca Mahkeme başkanı, başkan yardımcıları, Daire başkanları ve Mahkeme içtüzüğüne göre seçilecek diğer yargıçlardan oluşur. 43. madde uyarınca Büyük Daire'ye sevk edilen başvuruların incelenmesi sırasında, Daire başkanı ve başvuruda konu edilen devletin yargıcı dışında, bu kararı veren Daire yargıçları Büyük Daire'de yer alamazlar.

Madde 28 Komitelerin kabul edilemezlik kararları

Bir Komite, 34. madde uyarınca yapılan kişisel başvurunun daha fazla incelemeyi gerektirmediği hallerde, oybirliği ile kabul edilemezliğine veya kayıttan düşürülmesine karar verebilir. Bu karar kesindir.

Madde 29 Daire'lerin kabul edilebilirlik ve esasa ilişkin kararları

1. 28. madde çerçevesinde karar verilmediği takdirde, bir Daire, 34. madde uyarınca yapılan kişisel başvuruların kabul edilebilirliği ve esası hakkında karar verir.
2. Bir Daire, 33. madde uyarınca yapılan devlet başvurularının kabul edilebilirliği ve esası hakkında karar verir.
3. Mahkeme, istisnai hallerde aldığı aksine kararlar hariç, kabul edilebilirlik konusundaki kararları ayrı olarak alır.

Madde 30 Yargılamanın Büyük Daire'ye gönderilmesi

Daire önünde görülen dava, işbu Sözleşme'nin ve protokollerinin yorumu konusunda ciddi sorunlar doğuruyorsa ya da sorunun çözümü Mahkeme tarafından önceden verilmiş bir karar ile çelişme ihtimali taşıyorsa, Daire, hüküm vermediği süre içerisinde ve taraflar itiraz etmedikçe, yargı yetkisinden Büyük Daire lehine vazgeçebilir.

Madde 31 Büyük Daire'nin yetkileri

Büyük Daire,

1. Daireler tarafından 30. madde uyarınca kendisine gönderilen veya 43. madde uyarınca önüne gelen ya da 33. veya 34. maddeler uyarınca yapılan başvuruları ve,
2. 47. maddede öngörülen görüş bildirme taleplerini inceler.

Madde 32 Mahkeme'nin yargı yetkisi

1. Mahkeme'nin yargı yetkisi, 33., 34. ve 37. maddeler uyarınca kendisine intikal eden, işbu Sözleşme'nin ve protokollerinin yorumu ve uygulamasına ilişkin tüm konuları kapsar.
2. Mahkeme'nin yargı yetkisinin olup olmadığı hakkında ihtilaf durumunda, karar Mahkeme'ye aittir.

Madde 33 Devlet başvuruları

Her Yüksek Sözleşmeci Taraf, işbu Sözleşme ve protokolleri hükümlerine vâki ve kendisinin diğer Yüksek Sözleşmeci Taraf'a isnat edilebileceğine kanaat getirdiği herhangi bir ihlalden dolayı Mahkeme'ye başvurabilir.

Madde 34 Kişisel başvurular

İşbu Sözleşme ve protokollerinde tanınan hakların Yüksek Sözleşmeci Taraflar'dan biri tarafından ihlalinden zarar gördüğü iddiasında bulunan her gerçek kişi, hükümet dışı her kuruluş veya kişi grupları Mahkeme'ye başvurabilir. Yüksek Sözleşmeci Taraflar bu hakkın etkin bir şekilde kullanılmasına hiçbir suretle engel olmamayı taahhüt ederler.

Madde 35 Kabul edilebilirlik koşulları

1. Uluslararası hukukun genel olarak kabul edilen prensiplerine göre, ancak iç hukuk yollarının tüketilmesinden sonra ve kesin karardan itibaren altı aylık süre içinde Mahkeme'ye başvurulabilir.
2. Mahkeme, 34. madde uyarınca sunulan herhangi bir kişisel başvuruyu aşağıdaki hallerde kabul etmez:
   a) Başvuru imzasız ise veya;
   b) Başvuru Mahkeme tarafından daha önce incelenmiş veya uluslararası diğer bir soruşturma veya çözüm merciine sunulmuş başka bir başvurunun konusuyla esas itibariyle aynı ise ve yeni olaylar içermiyorsa.
3. Mahkeme, 34. madde uyarınca sunulan herhangi bir kişisel başvuruyu işbu Sözleşme ve protokolleri hükümleri dışında kalmış, açıkça dayanaktan yoksun veya başvuru hakkının suistimali mahiyetinde telakki ettiği takdirde, kabul edilemez bulur.

4. Mahkeme işbu maddeye göre kabul edilemez bulduğu her başvuruyu reddeder. Yargılamanın her aşamasında bu karar verilebilir.

Madde 36 Üçüncü tarafın müdahalesi

1. Daire ve Büyük Daire önündeki tüm davalarda, vatandaşlarından birinin başvuran taraf olması halinde, Yüksek Sözleşmeci Taraf'ın yazılı görüş sunma ve duruşmalarda bulunma hakkı vardır.
2. Mahkeme başkanı, adaletin sağlanabilmesi amacıyla, yargılamada taraf olmayan herhangi bir Yüksek Sözleşmeci Taraf'ı yazılı görüş sunma veya duruşmalarda taraf olmaya davet edebilir.

Madde 37 Başvurunun kayıttan düşmesi

1. Yargılamanın herhangi bir aşamasında, Mahkeme, aşağıdaki sonuçlara varılması halinde başvurunun kayıttan düşürülmesine karar verebilir:
   a) Başvuru sahibi başvurusunu takip etme niyetinde değilse, veya
   b) Sorun çözümlenmişse, veya
   c) Başka herhangi bir nedenden ötürü, başvurunun incelenmesine devam edilmesi hususunda artık haklı bir gerekçe görmezse. Ancak işbu Sözleşme ve protokollerinde tanımlanan insan haklarına saygı esası gerektiyorsa, Mahkeme başvurunun incelemesine devam eder.
2. Mahkeme, koşulların haklı kıldığı kanısına varırsa, bir başvurunun yeniden kayda alınmasını kararlaştırabilir.

Madde 38 Davanın incelenmesi ve dostane çözüm süreci

1. Mahkeme, kendisine gelen başvuruyu kabul edilebilir bulduğu takdirde,
   a) olayları saptamak amacıyla tarafların temsilcileriyle birlikte başvuruyu incelemeye devam eder ve gerekirse, ilgili devletlerin, etkin olarak yürütülmesi için gerekli tüm kolaylıkları sağlayacakları bir soruşturma yapar;
   b) işbu Sözleşme ve protokollerinde tanımlanan şekliyle insan haklarına saygı esasından hareketle, davanın dostane bir çözüm ile sonuçlandırılması için ilgili taraflara hizmet sunmaya hazır olacaktır.
2. 1.b hükümlerine göre yürütülen usul gizlidir.

Madde 39 Dostane çözüme varılması

Dostane çözüme varılırsa, Mahkeme olaylarla ve varılan çözümle sınırlı kısa bir açıklamayı içeren bir karar vererek başvuruyu kayıttan düşürür.

Madde 40 Duruşmaların kamuya açık olması ve belgelere ulaşabilme

1. Mahkeme istisnai durumlarda aksini kararlaştırmadıkça, duruşmalar kamuya açıktır.
2. Mahkeme başkanı aksine karar vermedikçe, Yazı İşleri Müdürü'ne emanet edilen belgeler kamuya açıktır.

Madde 41 Hakkaniyete uygun tatmin

Mahkeme işbu Sözleşme ve protokollerinin ihlal edildiğine karar verirse ve ilgili Yüksek Sözleşmeci Taraf'ın iç hukuku bu ihlali ancak kısmen telafi edebiliyorsa, Mahkeme, gerektiği takdirde, zarar gören tarafın hakkaniyete uygun bir surette tatminine hükmeder.

Madde 42 Dairelerin kararları

Dairelerin kararları, 44. maddenin 2. fıkrası hükümleri uyarınca kesinleşir.

Madde 43 Büyük Daire'ye gönderme

1. Bir Daire kararının verildiği tarihten itibaren üç ay içinde ve istisnai durumlarda, dava taraflarından her biri davanın Büyük Daire'ye gönderilmesini isteyebilir.
2. Büyük Daire bünyesinde beş yargıçtan oluşan bir kurul, dava, Sözleşme ve protokollerinin yorumuna ya da uygulanmasına ilişkin ciddi bir sorun doğuruyorsa ya da genel nitelikli ciddi bir konu teşkil ediyorsa, istemi kabul eder.
3. Kurul istemi kabul ederse, Büyük Daire bir hüküm ile davayı sonuçlandırır.

Madde 44 Kesin hükümler

1. Büyük Daire'nin kararı kesindir.
2. Bir Daire'nin kararı aşağıdaki durumlarda kesinleşir:
   a) Taraflar davanın Büyük Daire'ye gönderilmesini istemediklerini beyan ederlerse, veya
   b) Karardan itibaren üç ay içinde davanın Büyük Daire'ye gönderilmesi istenmezse, veya
   c) Kurul 43. maddede öngörülen istemi reddederse.
3. Kesin karar yayınlanır.

Madde 45 Hükümlerin ve kararların gerekçeli olması

1. Hükümler ve başvuruların kabul edilebilirliğine veya kabul edilemezliğine ilişkin kararlar gerekçelidir.
2. Hüküm, tamamen veya kısmen yargıçların oybirliğini içermediği takdirde, her yargıç kendi ayrı görüşünü belirtme hakkına sahiptir.

Madde 46 Kararların bağlayıcılığı ve uygulanması

1. Yüksek Sözleşmeci Taraflar, taraf oldukları davalarda Mahkeme'nin kesinleşmiş kararlarına uymayı taahhüt ederler.
2. Mahkeme'nin kesinleşmiş kararı, kararın uygulanmasını denetleyecek olan Bakanlar Komitesi'ne gönderilir.

Madde 47 Görüş bildirme

1. Mahkeme, Bakanlar Komitesi'nin istemi üzerine, Sözleşme ve protokollerinin yorumlanması ile ilgili hukuki meseleler üzerinde görüş bildirebilir.
2. Ancak bu görüşler, ne Sözleşme'nin 1. bölümünde ve protokollerinde belirlenen hak ve özgürlüklerin içeriği veya kapsamı ile ilgili sorunlara, ne de Mahkeme veya Bakanlar Komitesi'nin Sözleşme'de öngörülen bir başvuru sonucunda karara bağlamak durumunda kalabileceği diğer sorunlara ilişkin olabilir.
3. Bakanlar Komitesi'nin Mahkeme'den görüş isteme kararı, Komite'ye katılma hakkına sahip temsilcilerin oy çoğunluğuyla alınır.

Madde 48 Mahkeme'nin görüş bildirme yetkisi

Bakanlar Komitesi'nden gelen görüş talebinin, 47. maddede tanımlandığı biçimiyle Mahkeme'nin yetki alanına girip girmediğini Mahkeme kararlaştırır.

Madde 49 Bildirilen görüşün gerekçeli olması

1. Mahkeme'nin verdiği görüş gerekçelidir.
2. Görüş, tamamen veya kısmen yargıçların oy birliğini içermediği takdirde, her yargıç kendi ayrı görüşünü belirtme hakkına sahiptir.
3. Mahkeme'nin verdiği görüş Bakanlar Komitesi'ne bildirilir.

Madde 50 Mahkeme'nin masrafları

Mahkeme'nin masrafları, Avrupa Konseyi tarafından karşılanır.

Madde 51 Yargıçların ayrıcalık ve dokunulmazlıkları

Yargıçlar vazifelerinin ifasında Avrupa Konseyi Statüsü'nün 40. maddesinde ve bu madde uyarınca akdedilen anlaşmalarda öngörülen ayrıcalık ve dokunulmazlıklardan yararlanırlar.

BÖLÜM III Çeşitli Hükümler

Madde 52 Genel Sekreter tarafından yapılan incelemeler

Her Yüksek Sözleşmeci Taraf, Avrupa Konseyi Genel Sekreteri'nin istemesi üzerine, bu Sözleşme'nin bütün hükümlerinin fiilen uygulanmasının kendi iç hukukunca nasıl sağlandığı konusunda açıklamalarda bulunur.

Madde 53 Tanınan insan haklarının korunması

Bu Sözleşme hükümlerinden hiçbiri, herhangi bir Yüksek Sözleşmeci Taraf'ın yasalarına ve onun taraf olduğu başka bir Sözleşme'ye göre tanınabilecek insan haklarını ve temel özgürlükleri sınırlayamaz veya onlara aykırı düşecek şekilde yorumlanamaz.

Madde 54 Bakanlar Komitesi'nin yetkileri

Bu Sözleşme'nin hiçbir hükmü, Avrupa Konseyi Statüsü'nün Bakanlar Komitesi'ne tanıdığı yetkileri olumsuz yönde etkilemez.

Madde 55 Diğer çözüm yollarının dışlanması

Yüksek Sözleşmeci Taraflar, bu Sözleşme'nin yorum veya uygulamasından doğan bir anlaşmazlığı, başvuru yoluyla bu Sözleşme'de öngörülenlerin dışında bir çözüme bağlamak hususunda aralarında mevcut anlaşma, sözleşme veya bildirilerden, özel uzlaşma halleri dışında yararlanmaktan karşılıklı olarak vazgeçmeyi kabul ederler.

Madde 56 Ülkesel uygulama

1. Her devlet, onaylama sırasında veya daha sonra herhangi bir zamanda, Avrupa Konseyi Genel Şekreteri'ne göndereceği bir bildirimle bu Sözleşme'nin, uluslararası ilişkilerinden sorumlu bulunduğu bütün ülkelere veya bunlardan herhangi birine, işbu maddenin 4. fıkrası saklı kalmak kaydıyla, uygulanacağını beyan edebilir.
2. Sözleşme, bildirimde belirtilen ülke veya ülkelerde, Avrupa Konseyi Genel Sekreteri'nin bu bildirimi aldığı tarihten itibaren otuz gün sonra uygulamaya konur.
3. Bu Sözleşme'nin hükümleri sözü geçen ülkelerde yerel şartlar dikkate alınarak uygulanır.
4. Bu maddenin birinci fıkrası uyarınca bildirimde bulunmuş olan her devlet, sonradan herhangi bir zamanda, bildiriminde belirtmiş olduğu ülke veya ülkelerdeki gerçek kişilerin, hükümet dışı kuruluşların veya kişi gruplarının başvuruları konusunda bu Sözleşme'nin 34. maddesine uygun olarak Mahkeme'nin yetkisini kabul ettiğini beyan edebilir.

Madde 57 Çekinceler

1. Bu Sözleşme'nin imzası ve onaylama belgesinin sunulması sırasında her devlet, Sözleşme'nin belirli bir hükmü hakkında, o sırada kendi ülkesinde yürürlükte olan bir yasa bu hükme uygun olmadığı ölçüde, bir çekince kaydı koyabilir. Bu madde genel nitelikte çekinceler konmasına izin vermez.
2. Bu maddeye uygun olarak konulacak her çekince, sözü edilen yasanın kısa bir açıklamasını içerir.

Madde 58 Feshi ihbar

1. Bir Yüksek Sözleşmeci Taraf, bu Sözleşme'yi ancak Sözleşme'ye taraf olduğu tarihten itibaren geçecek beş yıllık bir süre sonunda ve Avrupa Konseyi Genel Sekreteri'ne altı ay önceden haber verilecek bir ihbarla feshedebilir. Genel Sekreter bunu, diğer Yüksek Sözleşmeci Taraflar'a bildirir.
2. Bu fesih işlemi, feshin geçerli sayıldığı tarihten önce işlenmiş ve yükümlülüklerin ihlali niteliğinde sayılabilecek olan bir fiil dolayısıyla, ilgili Yüksek Sözleşmeci Taraf'ın bu Sözleşme'den doğan yükümlülüklerinden kurtulması sonucunu doğurmaz.
3. Aynı şartlarla, Avrupa Konseyi üyeliğinden çıkan her Yüksek Sözleşmeci Taraf, bu Sözleşme'ye de taraf olmaktan çıkar.
4. Sözleşme, 56. madde gereğince uygulanacağı beyan edilmiş olan ülkelerle ilgili olarak, yukarıdaki fıkraların hükümleri uyarınca feshedilebilir.

Madde 59 İmza ve onay

1. Bu Sözleşme, Avrupa Konseyi üyelerinin imzalarına açıktır. Sözleşme onaylanacaktır. Onaylama belgeleri Avrupa Konseyi Genel Sekreteri'ne verilecektir.
2. Bu Sözleşme, on onaylama belgesinin verilmesinden sonra yürürlüğe girecektir.
3. Sözleşme'yi daha sonra onaylayacak olan imzacılar için Sözleşme, onaylama belgesinin verilmesinden itibaren yürürlüğe girecektir.
4. Avrupa Konseyi Genel Sekreteri, Sözleşme'nin yürürlüğe girdiğini, Sözleşme'yi onaylayan Yüksek Sözleşmeci Taraflar'ın adlarını ve daha sonra gelecek olan onaylama belgelerinin verilişini bütün Avrupa Konseyi üyelerine bildirecektir.

Bu Sözleşme, Avrupa Konseyi arşivlerinde saklanmak ve her iki metin de aynı derecede geçerli olmak üzere fransızca ve ingilizce tek bir nüsha halinde 4 Kasım 1950'de Roma'da düzenlenmiştir. Genel Sekreter bunun tasdikli örneklerini imza eden bütün devletlere gönderecektir.

İnsan Hakları ve Temel Özgürlüklerin Korunmasına İlişkin Sözleşme'ye Ek Protokol Paris, 20.III.1952

Bu Protokol'ü imzalayan Avrupa Konseyi üyesi hükümetler,

Roma'da 4 Kasım 1950 tarihinde imza edilmiş bulunan İnsan Hakları ve Temel Özgürlüklerin Korunmasına ilişkin Sözleşme'nin (aşağıda "Sözleşme" diye anılmıştır) birinci bölümünde belirtilenler dışında bazı hak ve özgürlüklerin ortak güvenceye bağlanmasını sağlamak amacıyla gerekli tedbirleri almayı kararlaştırarak, Aşağıdaki hususlarda anlaşmışlardır:

Madde 1 Mülkiyetin korunması

Her gerçek ve tüzel kişinin mal ve mülk dokunulmazlığına saygı gösterilmesini isteme hakkı vardır. Bir kimse, ancak kamu yararı sebebiyle ve yasada öngörülen koşullara ve uluslararası hukukun genel ilkelerine uygun olarak mal ve mülkünden yoksun bırakılabilir.

Yukarıdaki hükümler, devletlerin, mülkiyetin kamu yararına uygun olarak kullanılmasını düzenlemek veya vergilerin ya da başka katkıların veya para cezalarının ödenmesini sağlamak için gerekli gördükleri yasaları uygulama konusunda sahip oldukları hakka halel getirmez.

Madde 2 Eğitim hakkı

Hiç kimse eğitim hakkından yoksun bırakılamaz. Devlet, eğitim ve öğretim alanında yükleneceği görevlerin yerine getirilmesinde, ana ve babanın bu eğitim ve öğretimin kendi dini ve felsefi inançlarına göre yapılmasını sağlama haklarına saygı gösterir.

Madde 3 Serbest seçim hakkı

Yüksek Sözleşmeci Taraflar, yasama organının seçilmesinde halkın kanaatlerinin özgürce açıklanmasını sağlayacak şartlar içinde, makul aralıklarla, gizli oyla serbest seçimler yapmayı taahhüt ederler.

Madde 4 Ülkesel uygulama

Her Yüksek Sözleşmeci Taraf, bu Protokol'ün imzası veya onaylanması sırasında ya da daha sonra herhangi bir zamanda, Avrupa Konseyi Genel Sekreteri'ne yapacağı bir bildirimle, uluslararası ilişkilerinden sorumlu olduğu ve sözü geçen bildirimde belirttiği ülkelerde bu Protokol hükümlerinin ne ölçüde uygulanacağını taahhüt ettiğini açıklayabilir.

Yukarıdaki fıkra uyarınca bir bildirimde bulunmuş olan her Yüksek Sözleşmeci Taraf, zaman zaman yapacağı yeni bildirimlerle daha önceki beyanlarının koşullarını değiştirebilir veya bu Protokol hükümlerinin bu tür herhangi bir ülkede uygulanmasına son verildiğini bildirebilir.

Bu madde uyarınca yapılmış olan bir bildirim, Sözleşme'nin 56. maddesinin 1. fıkrasına uygun olarak yapılmış sayılır.

Madde 5 Sözleşme ile bağlantı

Yüksek Sözleşmeci Taraflar, bu Protokol'ün 1, 2, 3 ve 4. maddelerini Sözleşme'ye ek maddeler olarak kabul ederler ve Sözleşme'nin bütün hükümleri buna göre uygulanır.

Madde 6 İmza ve onay

Bu Protokol, Sözleşme'yi imza eden Avrupa Konseyi Üyeleri'nin imzalarına açıktır. Bu Protokol, Sözleşme ile birlikte veya ondan sonra onaylanacaktır. Protokol on onaylama belgesinin verilmesinden sonra yürürlüğe girecektir. Daha sonra onaylayan imzacı devletler bakımından Protokol, onaylama belgesinin verildiği tarihten itibaren yürürlüğe girer.

Onaylama belgeleri Avrupa Konseyi Genel Sekreteri'ne verilecek, o da onaylayan devletlerin adlarını bütün üyelerine bildirecektir.

Bu Protokol, Avrupa Konseyi arşivlerinde saklanmak ve her iki metin de aynı derecede geçerli olmak üzere fransızca ve ingilizce tek bir nüsha halinde 20 Mart 1952'de Paris'te düzenlenmiştir. Genel Sekreter bunun tasdikli örneklerini imza eden bütün devletlere gönderecektir.

İnsan Hakları ve Temel Özgürlüklerin Korunmasına İlişkin Sözleşme ile bu Sözleşme'ye ek birinci Protokol'de tanınmış bulunan haklardan ve özgürlüklerden başka haklar ve özgürlükler tanıyan

Protokol No. 4
Strasburg, 16.IX.1963

Bu Protokol'ü imzalayan Avrupa Konseyi üyesi hükümetler,

Roma'da 4 Kasım 1950 tarihinde imza edilmiş bulunan İnsan Hakları ve Temel Özgürlüklerin Korunmasına İlişkin Sözleşme'nin (aşağıda "Sözleşme" diye anılmıştır) birinci bölümünde ve 20 Mart 1952 tarihinde Paris'te imzalanmış olan Sözleşme'ye Ek Birinci Protokol'ün 1, 2 ve 3. maddelerinde tanınmış bulunanlardan başka bazı hak ve özgürlüklerin ortak güvenceye bağlanmasını sağlamak amacıyla gerekli tedbirleri almayı kararlaştırarak,

Aşağıdaki hususlarda anlaşmışlardır:

Madde 1 Borçtan dolayı özgürlüğünden yoksun bırakılma yasağı

Hiç kimse, yalnızca akdî ilişkiden doğan bir yükümlülüğü yerine getirememiş olmasından dolayı özgürlüğünden yoksun bırakılamaz.

Madde 2 Serbest dolaşım özgürlüğü

1. Bir devletin ülkesi içinde usulüne uygun olarak bulunan herkes, orada serbetçe dolaşma ve ikametgahını seçebilme hakkına sahiptir.
2. Herkes, kendi ülkesi de dahil, herhangi bir ülkeyi terk etmekte serbesttir.
3. Bu haklar, ancak ulusal güvenlik, kamu emniyeti, kamu düzeninin korunması, suç işlenmesinin önlenmesi, sağlık ve ahlakın veya başkalarının hak ve özgürlüklerinin korunması için, demokratik bir toplumda zorunlu tedbirler olarak ve yasayla öngörülmüş sınırlamalara tabi tutulabilir.
4. Bu maddenin 1. fıkrasında sayılan haklar, belli yerlerde, yasayla konmuş ve demokratik bir toplumda kamu yararının gerektirdiği sınırlamalara tabi tutulabilir.

Madde 3 Vatandaşların sınır dışı edilmeleri yasağı

1. Hiç kimse, tek başına ya da toplu olarak, uyruğu bulunduğu devletin ülkesinden sınır dışı edilemez.
2. Hiç kimse, uyruğunda bulunduğu devletin ülkesine girme hakkından yoksun bırakılamaz.

Madde 4 Yabancıların topluca sınır dışı edilmeleri yasağı

Yabancıların toplu olarak sınır dışı edilmesi yasaktır.

Madde 5 Ülkesel uygulama

1. Her Yüksek Sözleşmeci Taraf, bu Protokol'ün imzalanması veya onaylanması sırasında ya da daha sonra herhangi bir zamanda, Avrupa Konseyi Genel Sekreteri'ne yapacağı bir bildirimle, uluslararası ilişkilerinden sorumlu olduğu ve sözü geçen bildirimde belirttiği ülkelerde bu Protokol hükümlerinin ne ölçüde uygulanacağını taahhüt ettiğini açıklayabilir.
2. Yukarıdaki fıkra uyarınca bir bildirimde bulunmuş olan her Yüksek Sözleşmeci Taraf, zaman zaman yapacağı yeni bildirimlerle, daha önceki beyanlarının koşullarını değiştirebilir veya bu Protokol hükümlerinin bu tür herhangi bir ülkede uygulanmasına son verildiğini bildirebilir.
3. Bu madde uyarınca yapılmış olan bir bildirim, Sözleşme'nin 56. maddesinin 1. fıkrasına uygun olarak yapılmış sayılır.
4. Onaylama veya kabul sonucunda bu Protokol'ün uygulandığı herhangi bir devletin ülkesi ve bu madde uyarınca sözü geçen devlet tarafından yapılmış bildirime göre bu Protokol'ün uygulandığı ülkelerin her biri, 2. ve 3. maddelerde sözü edilen devlet ülkesi deyimi bakımından ayrı ayrı ülkeler olarak kabul edilir.
5. Bu maddenin 1. ve 2. fıkraları uyarınca beyanda bulunan her devlet, sonradan her zaman bu beyanın ilgili olduğu ülke veya ülkeler lehine, Mahkeme'nin, işbu Protokol'ün 1, 2, 3 ve 4. maddelerinden herhangi birine ya da hepsine ilişkin olarak her gerçek kişiden, hükümet dışı her kuruluştan veya her kişi grubundan Sözleşme'nin 34. maddesi uyarınca başvuruları alma yetkisini kabul ettiğini beyan edebilir.

Madde 6 Sözleşme ile bağlantı

Yüksek Sözleşmeci Taraflar, bu Protokol'ün 1'den 5'e kadar olan maddelerini Sözleşme'ye ek maddeler olarak kabul ederler ve Sözleşme'nin bütün hükümleri buna göre uygulanır.

Madde 7 İmza ve onay

1. Bu Protokol, Sözleşme'yi imza eden Avrupa Konseyi üyelerinin imzalarına açıktır. Bu Protokol, Sözleşme ile birlikte veya ondan sonra onaylanacaktır. Protokol beş onaylama belgesinin verilmesinden sonra yürürlüğe girecektir. Daha sonra onaylayan imzacı devletler bakımından Protokol, onaylama belgesinin verildiği tarihten itibaren yürürlüğe girer.
2. Onaylama belgeleri, Avrupa Konseyi Genel Sekreteri'ne verilecek, o da onaylayan devletlerin adlarını bütün üyelere bildirecektir.

Bu Protokol, Avrupa Konseyi arşivlerinde saklanmak ve her iki metin de aynı derecede geçerli olmak üzere fransızca ve ingilizce tek bir nüsha halinde 20 Mart 1952'de Paris'te düzenlenmiştir. Genel Sekreter bunun tasdikli örneklerini imza eden bütün devletlere gönderecektir.

Bu Protokol, imza yetkisini haiz kişilerce imzalanmış olup,

Avrupa Konseyi arşivlerinde saklanmak ve her iki metin de aynı derecede geçerli olmak üzere fransızca ve ingilizce tek bir nüsha halinde 16 Eylül 1963'te Strasburg'da düzenlenmiştir. Genel Sekreter bunun tasdikli örneklerini imza eden bütün devletlere gönderecektir.

İnsan Hakları Ve Temel Özgürlüklerin Korunmasına İlişkin Sözleşme'ye ek, ölüm cezasının kaldırılmasına dair Protokol No. 6 Strasburg, 28.IV.1983

Roma'da 6 Kasım 1950'de imzalanan İnsan Hakları ve Temel Özgürlüklerin Korunmasına İlişkin Sözleşme'yi (aşağıda "Sözleşme" diye anılmıştır) imzalayan Avrupa Konseyi üyesi devletler,

Avrupa Konseyi üyesi devletlerin birçoğunda yer alan gelişmelerin ölüm cezasının kaldırılması yolunda genel bir eğilimi ifade ettiğini göz önünde bulundurarak,

Aşağıdaki hususlarda anlaşmışlardır:

Madde 1 Ölüm cezasının kaldırılması
Ölüm cezası kaldırılmıştır. Hiç kimse bu cezaya çarptırılamaz ve idam edilemez.

Madde 2 Savaş zamanında ölüm cezası
Bir devlet, yasalarında savaş veya yakın savaş tehlikesi zamanında işlenmiş olan fiiller için ölüm cezasını öngörebilir; bu ceza ancak yasanın belirlediği hallerde ve onun hükümlerine uygun olarak uygulanabilir. İlgili devlet, söz konusu yasanın bu duruma ilişkin hükümlerini Avrupa Konseyi Genel Sekreteri'ne bildirir.

Madde 3 Askıya alma yasağı
Sözleşme'nin 15. maddesine dayanılarak bu Protokol'ün hükümleri ihlal edilemez.

Madde 4 Çekince koyma yasağı

Sözleşme'nin 57. maddesine dayanılarak bu Protokol'ün hükümleriyle ilgili hiçbir çekince konulamaz.

Madde 5 Ülkesel uygulama

1. Her devlet, imza sırasında veya onaylama, kabul ya da katılma belgesinin verilmesi sırasında, bu Protokol'ün uygulanacağı ülkeyi veya ülkeleri belirleyebilir.
2. Her devlet, daha sonra herhangi bir zamanda, Avrupa Konseyi Genel Sekreteri'ne yapacağı bir bildirimle belirteceği başka herhangi bir ülkenin bu Protokol'ün uygulanma kapsamına alınmış olduğunu beyan edebilir. Bu ülke bakımından Protokol, bildirimin Genel Sekreter tarafından alınışını izleyen ayın birinci günü yürürlüğe girer.
3. Yukarıdaki iki fıkra uyarınca yapılan her bildirim, Genel Sekreter'e gönderilecek bir ihbarla, bildirimde belirtilen ülkeyle ilgili olarak geri alınabilir. Geri alma, Genel Sekreter'in ihbarı alışını izleyen ayın birinci günü yürürlüğe girer.

Madde 6 Sözleşme ile bağlantı

Taraf Devletler bu Protokol'ün 1'den 5'e kadar olan maddelerini Sözleşme'ye ek maddeler olarak kabul ederler ve Sözleşme'nin bütün hükümleri buna göre uygulanır.

Madde 7 İmza ve onay

Bu Protokol, Sözleşme'yi imzalamış olan Avrupa Konseyi üyesi devletlerin imzalarına açıktır. Protokol, onaylama, kabul veya uygun bulmaya sunulacaktır. Avrupa Konseyi üyesi bir devlet, aynı zamanda veya daha önceden Sözleşme'yi onaylamadıkça, bu Protokol'ü onaylayamaz, kabul edemez veya uygun bulamaz. Onaylama, kabul veya uygun bulma belgeleri Avrupa Konseyi Genel Sekreteri'ne verilir.

Madde 8 Yürürlüğe giriş

Bu Protokol, beş Avrupa Konseyi üyesi devletin 7. madde hükümleri uyarınca Protokol'le bağlanma husundaki rızalarını bildirdikleri tarihi izleyen ayın birinci günü yürürlüğe girer.

Madde 9 Saklama işlevleri

Avrupa Konseyi Genel Sekreteri,

a) her imzalamayı,

b) her onaylama, kabul veya uygun bulma belgesinin verilişini,
c) 5 ve 8. maddeler uyarınca bu Protokol'ün her yürürlüğe giriş tarihini,
d) bu Protokol'e ilişkin başka her türlü işlem, ihbar veya bildirimi Konsey üyesi devletlere bildirir.

Bu Protokol, İmza yetkisini haiz kişilerce imzalanmış olup, Avrupa Konseyi arşivlerinde saklanmak ve her iki metin de aynı derecede geçerli olmak üzere fransızca ve ingilizce tek bir nüsha halinde 28 Nisan 1983'te Strasburg'da düzenlenmiştir. Genel Sekreter bunun tasdikli örneklerini imza eden bütün devletlere gönderecektir.

İnsan Hakları Ve Temel Özgürlüklerin Korunmasına İlişkin Sözleşme'ye ek 7 Numaralı Protokol Strasburg, 22.XI.1984

4 Kasım 1950 tarihinde Roma'da imzalanan İnsan Hakları ve Temel Özgürlüklerin Korunması'na İlişkin Sözleşme (bundan böyle "Sözleşme" diye anılmıştır) yoluyla belirli hak ve özgürlüklerin ortak güvenceye bağlanmasını sağlamak için daha ileri adımlar atmayı kararlaştıran ve burada imzası bulunan Avrupa
Konseyi üyesi ülkeler, Aşağıdaki hususlarda anlaşmışlardır:

Madde 1 Yabancıların sınır dışı edilmelerine ilişkin usuli güvenceler

1. Bir devletin ülkesinde kurallara uygun olarak ikamet eden bir yabancı, yasaya uygun şekilde verilmiş bir kararın uygulanması dışında sınır dışı edilemez ve bu durumda bir kimse,
  a. sınır dışı edilmesine karşı gerekçeler öne sürebilme,
  b. durumunu yeniden inceletme,
  c. yukarıdaki amaçlarla, yetkili bir merci önünde veya bu merci tarafından tayin edilecek biri ya da birileri önünde kendini temsil ettirme hakkını haiz olacaktır.

2. Sınır dışı edilmenin kamu düzeni yararı ya da ulusal güvenlik nedenleri açısından gerektiği hallerde, bir yabancı yukarıdaki 1. maddenin a, b ve c bentlerinde öngörülen haklarını kullanmadan sınır dışı edilebilir.

Madde 2 Cezai konularda iki dereceli yargılanma hakkı

1. Bir mahkeme tarafından cezai bir suçtan mahkum edilen her kişi, mahkumiyet ya da ceza hükmünü daha yüksek bir mahkemeye yeniden inceletme hakkını haiz olacaktır. Bu hakkın kullanılması, kullanılabilme gerekçeleri de dahil olmak üzere, yasayla düzenlenir.

2. Bu hakkın kullanılması, yasada düzenlenmiş haliyle önem derecesi düşük suçlar bakımından ya da ilgilinin birinci derece mahkemesi olarak en yüksek mahkemede yargılandığı veya beraatini müteakip bunun temyiz edilmesi üzerine verilen mahkumiyet hallerinde istisnaya tabi tutulabilir.

Madde 3 Adli hata halinde tazminat hakkı

Bir kişinin, kesin bir kararla cezai bir suçtan mahkum edilmesi ve sonradan yeni veya yakın zamanda keşfedilmiş bir delilin kesinlikle yanlış bir adalet uygulaması olduğunu göstermesi veya kişinin affedilmesi nedeniyle cezai kararın iptal edilmesi halinde, bilinmeyen delilin açıklanmamış olmasının tamamen veya kısmen o kişiye atfedildiğinin ispatlandığı haller dışında, böyle bir mahkumiyet sonucunda cezaya maruz kalan kişi, ilgili devletin yasası ve uygulamasına göre tazmin edilecektir.

Madde 4 Aynı suçtan iki kez yargılanmama ve cezalandırılmama hakkı

1. Hiç kimse bir devletin ceza yargılaması usulüne ve yasaya uygun olarak kesin bir hükümle mahkum edildiği ya da beraat ettiği bir suçtan dolayı aynı devletin yargısal yetkisi altındaki yargılama usulleri çerçevesinde yeniden yargılanamaz veya mahkum edilemez.
2. Yukarıdaki fıkra hükümleri, yeni veya yakın zamanda ortaya çıkarılan delillerin veya önceki muamelelerde davanın sonucunu etkileyebilecek esaslı bir kusurun varlığı durumunda, ilgili devletin ceza yargılaması usulü ve yasasına uygun olarak davanın yeniden açılmasını engellemez.
3. Sözleşme'nin 15. maddesi çerçevesinde bu madde ile derpiş olunan yükümlülüklere aykırı hiçbir tedbir alınamaz.

Madde 5 Eşler arasında eşitlik

Eşler evlilikte, evlilik süresince ve evliliğin sona ermesi durumunda, kendi aralarında ve çocukları ile ilişkilerinde medeni haklar ve sorumluluklardan eşit şekilde yararlanırlar. Bu madde devletlerin çocuklar yararına gereken tedbirleri almalarını engellemez.

Madde 6 Ülkesel uygulama

1. Her devlet imzalama veya onay, kabul ya da uygun bulma belgesinin tevdii sırasında bu Protokol'ün uygulanacağı toprak ya da toprakları belirtir ve bu toprak veya topraklara uygulayacağı işbu Protokol hükümlerini ne ölçüde yükümlendiğini ifade eder.
2. Her devlet daha sonraki herhangi bir tarihte Avrupa Konseyi Genel

Sekreteri'ne hitaben yapacağı bir beyanla, bu Protokol'ün uygulanmasını, beyanda belirtilen herhangi diğer bir toprağa da genişletebilir. Bu durumdaki bir toprak bakımından, Protokol, Genel Sekreter'in böyle bir beyanı teslim aldığı tarihten itibaren iki aylık bir sürenin bitişini izleyen ayın ilk günü yürürlüğe girer.

3. Yukarıdaki iki fıkra uyarınca yapılan herhangi bir beyan, böyle bir beyanda belirtilen toprak açısından, Genel Sekreter'e hitaben yapılan bir bildirim ile geri alınabilir veya değiştirilebilir. Geri alma veya değiştirme, bildirimin Genel Sekreter'e tesliminden sonraki iki aylık sürenin bitimini izleyen ay başında yürürlüğe girer.
4. Bu madde uyarınca yapılan beyan, Sözleşme'nin 56. maddesinin 1. fıkrası uygun olarak yapılmış sayılır.
5. Onaylama, kabul ya da uygun bulma işlemi sonucu bu Protokol'ün uygulanacağı herhangi bir devlet toprağı ve bu madde uyarınca o devlet tarafından yapılan beyana binaen bu Protokol'ün uygulanacağı toraklardan her biri, 1. maddede atıfta bulunulan anlamıyla bir devletin ülkesinden ayrı topraklar olarak mütalaa edilebilir.
6. Bu maddenin 1. ve 2. fıkraları uyarınca beyanda bulunan her devlet, sonradan her zaman bu beyanın ilgili olduğu ülke veya ülkeler lehine, Mahkeme'nin, işbu Protokol'ün 1'den 5'e kadar olan maddelerinden herhangi birine ya da hepsine ilişkin olarak her gerçek kişiden, hükümet dışı her kuruluştan veya her kişi grubundan Sözleşme'nin 34. maddesi uyarınca başvuruları alma yetkisini kabul ettiğini beyan edebilir.

Madde 7 Sözleşme ile bağlantı

Taraf devletler, bu Protokol'ün 1'den 6'ya kadar olan maddelerini Sözleşme'nin ek maddeleri olarak değerlendireceklerdir ve Sözleşme'nin tüm hükümleri buna göre uygulanacaktır.

Madde 8 İmza ve onay

Bu Protokol, Sözleşme'yi imza eden Avrupa Konseyi üyesi ülkelerin imzasına açıktır. Bu Protokol onaylama, kabul ya da uygun bulma ile yürürlüğe girecektir. Avrupa Konseyi üyesi bir devlet aynı anda ya da daha önceden Sözleşme'yi onaylamadan bu Protokol'ü onaylayamaz, kabul edemez ya da uygun bulamaz. Onay, kabul ya da uygun bulma belgeleri Avrupa Konseyi Genel Sekreteri'ne tevdi edilecektir.

Madde 9 Yürürlüğe giriş

1. Bu Protokol, Avrupa Konseyi üyesi yedi devletin 8. madde hükümlerine

uygun bir şekilde bu Protokol'e bağlı kalacaklarını ifade ettikleri tarihten itibaren iki aylık bir sürenin bitişini izleyen ayın ilk günü yürürlüğe girecektir.

2. Herhangi bir üye devletin sonradan bu Protokol'e katılması durumunda, Protokol, o devlet açısından onaylama, kabul ya da uygun bulma belgesinin tevdi edildiği tarihten itibaren iki aylık bir sürenin bitişini izleyen ayın ilk günü yürürlüğe girecektir.

Madde 10 Saklama işlevleri

Avrupa Konseyi Genel Sekreteri,

a) her imzalamayı,
b) onay, kabul veya uygun bir şekilde bu Protokol'ün yürürlülük kazanacağı her tarihi,
c) 6. ve 9. maddelere uygun bir şekilde bu Protokol'ün yürürlülüğe gireceği her tarihi,
d) bu Protokol ile ilgili her türlü başka işlemi, bildirimi ya da beyanı,

Konsey üyesi devletlere bildirir.

Bu Protokol, İmza yetkisini haiz kişilerce imzalanmış olup, Avrupa Konseyi arşivlerinde saklanmak ve her iki metin de aynı derecede geçerli olmak üzere fransızca ve ingilizce tek bir nüsha halinde 22 Kasım 1984'te Strasburg'da düzenlenmiştir. Genel Sekreter bunun tasdikli örneklerini imza eden bütün devletlere gönderecektir.

Voir Note explicative
See Explanatory Note
Açıklayıcı Not'a bakınız (TUR)

COUR EUROPÉENNE DES DROITS DE L'HOMME
EUROPEAN COURT OF HUMAN RIGHTS
AVRUPA İNSAN HAKLARI MAHKEMESİ

Conseil de l'Europe - Council of Europe- Avrupa Konseyi
Strasbourg, France

REQUÊTE
APPLICATION
BAŞVURU

présentée en application de l'article 34 de la Convention européenne des Droits de l'Homme, ainsi que des articles 45 et 47 du Règlement de la Cour

under Article 34 of the European Convention on Human Rights and Rules 45 and 47 of the Rules of Court

Avrupa İnsan Hakları Sözleşmesi'nin 34. ve Mahkeme İç Tüzüğü'nün 45 ve 47. maddeleri uyarınca sunulmuştur.

IMPORTANT: La présente requête est un document juridique et peut affecter vos droits et obligations.

This application is a formal legal document and may affect your rights and obligations.

Bu başvuru hukuki bir belgedir ve hak ve yükümlülüklerinizi etkileyebilir.

I- LES PARTIES
THE PARTIES
TARAFLAR

A. LE REQUÉRANT/LA REQUERANTE
THE APPLICANT
BAŞVURUCU
(Renseignements à fournir concernant le requérant/la requérante et son/sa représentant(e) éventuel(le))
(Fill in the following details of the applicant and the representative, if any)
(Başvurucu ve varsa temsilcisi hakkında verilmesi gereken bilgiler)

1. Nom de famille .... 2. Prénom (s) ....
Surname .... *First name (s)* ....
Soyadı .... Adı ....

Sexe: masculin/féminin
Sex: male/female
Cinsiyeti: erkek/kadın

3. Nationalité .... 4. Profession ....
Nationality *Occupation*
Milliyeti Mesleği

5. Date et lieu de naissance ....
....
Date and place of birth
Doğum tarihi ve yeri

6. Domicile ....
Permanent address
İkametgahı

7. Tel. No: ....

8. Adresse actuelle (si différente de 6.)
....
Present address (if different from 6.)
Şu anki adresi (6'da belirtilen ikametgahından farklı ise)

9. Nom et prénom du/de la représentant(e)* ....
*Name of representative**
Temsilcinin adı*

10. Profession du/de la représentant(e)
....
Occupation of representative
Temsilcinin mesleği

11. Adresse du/de la représentant(e) ....
Address of representative
Temsilcinin adresi

12. Tel. No: ....Fax No:
....

B. LA HAUTE PARTIE CONTRACTANTE
THE HIGH CONTRACTING PARTY
YÜKSEK SÖZLEŞMECİ TARAF

(Indiquer ci-après le nom de l'Etat/des Etats contre le(s)quel(s) la requête est dirigée)
(Fill in the name of the State(s) against which the application is directed)
(Aşağıda başvurunun hangi devlet aleyhine yöneltildiğini belirtiniz)

13 ....

* Si le/la requérant(e) est représenté(e), joindre une procuration signée par le/la requérant(e) en faveur du/de la représentant(e).
A form of authority signed by the applicant should be submitted if a representative is appointed.

Eğer başvurucu temsil ediliyorsa, temsilciyi vekil atayan ve başvurucunun imzasını taşıyan bir Yetki Belgesi ekleyiniz.

II - EXPOSÉ DES FAITS
STATEMENT OF THE FACTS
OLAYLARA İLİŞKİN AÇIKLAMA

(Voir chapitre II de la note explicative)

(See Part II of the Explanatory Note)

(Açıklayıcı Not'un II. Bölümüne bakınız)

14.

Si nécessaire, continuer sur une feuille séparée

Continue on a separate sheet if necessary

Eğer gerekli görüyorsanız ayrı bir sayfada devam edeblirsiniz

III - EXPOSÉ DE LA OU DES VIOLATION(S) DE LA CONVENTION ET/OU DES

PROTOCOLES ALLÉGUÉE(S), AINSI QUE DES ARGUMENTS À L'APPUI

STATEMENT OF ALLEGED VIOLATION(S) OF THE CONVENTION AND/OR PROTOCOLS AND OF RELEVANT ARGUMENTS

BAŞVURUCU TARAFINDAN ÖNE SÜRÜLEN SÖZLEŞME VE PROTOKOL İHLALLERİ İLE İDDİALARIN DAYANAKLARINA İLİŞKİN AÇIKLAMA

(Voir chapitre III de la note explicative)

(See Part III of the Explanatory Note)

(Açıklayıcı Not'ta III. Bölüme bakınız)

15.

IV - EXPOSÉ RELATIF AUX PRESCRIPTIONS DE L'ARTICLE 35 § 1 DE LA CONVENTION

STATEMENT RELATIVE TO ARTICLE 35 § 1 OF THE CONVENTION
SÖZLEŞME'NİN 35. MADDESİNİN 1. FIKRASINA İLİŞKİN AÇIKLAMA

(Voir chapitre IV de la note explicative. Donner pour chaque grief, et au besoin sur une feuille séparée, les renseignements demandés sous les points 16 à 18 ci-après)
(See Part IV of the Explanatory Note. If necessary, give the details mentioned below under points 16 to 18 on a separate sheet for each separate complaint)
(Açıklayıcı Not'un IV. Bölümüne bakınız. Her şikayet için, gerektiğinde ayrı bir sayfa kullanarak, aşağıda 16'dan 18'e kadar numaralanmış alt bölümlerde istenen bilgileri veriniz)

16. Décision interne définitive (date et nature de la décision, organe - judiciaire ou autre - l'ayant rendue)
Final decision (date, court or authority and nature of decision)
Nihai karar (kararın tarihi, niteliği, Kararı veren merci -adli veya diğer-)

17. Autres décisions (énumérées dans l'ordre chronologique en indiquant, pour chaque décision, sa date, sa nature et l'organe - judiciaire ou autre - l'ayant rendue)
Other decisions (list in chronological order, giving date, court or authority and nature of decision for each of them)
Diğer kararlar (tarih sırasına göre her kararın tarihi, niteliği ve kararı veren merci -adli veya diğer- belirtilmelidir)

18. Dispos(i)ez-vous d'un recours que vous n'avez pas exercé? Si oui, lequel et pour quel motif n'a-t-il pas été exercé?
Is there or was there any other appeal or other remedy available to you which you have not used? If so, explain why you have not used it.
Başvurmadığınız başka bir çözüm yolu var mı ? Eğer varsa, nedir ve neden bu yola başvurulmadı?

Si nécessaire, continuer sur une feuille séparée
Continue on a separate sheet if necessary
Eğer gerekli görüyorsanız ayrı bir sayfada devam edeblirsiniz

V - EXPOSÉ DE L'OBJET DE LA REQUÊTE
STATEMENT OF THE OBJECT OF THE APPLICATION
BAŞVURUNUN AMACINA İLİŞKİN AÇIKLAMA
(Voir chapitre V de la note explicative)
(See Part V of the Explanatory Note)
(Açıklayıcı Not'un V. Bölümüne bakınız)

19.

VI-AUTRES INSTANCES INTERNATIONALES TRAITANT OU AYANT TRAITÉ L'AFFAIRE
STATEMENT CONCERNING OTHER INTERNATIONAL PROCEEDINGS
DİĞER ULUSLARARASI MAKAMLAR ÖNÜNDEKİ USULLERE İLİŞKİN AÇIKLAMA
(Voir chapitre VI de la note explicative)
(See Part VI of the Explanatory Note)
(Açıklayıcı Not'un VI. Bölümüne ilişkin açıklama)

20. Avez-vous soumis à une autre instance internationale d'enquête ou de règlement les griefs énoncés dans la présente requête? Si oui, fournir des indications détaillées à ce sujet.
Have you submitted the above complaints to any other procedure of international investigation or settlement? If so, give full details.
Bu başvurunuzdaki şikayetlerinizi başka bir uluslararası makama sundunuz mu ? Eğer sunduysanız, bu konuda ayrıntılı bilgi veriniz.

VII-PIÈCES ANNEXÉES
LIST OF DOCUMENTS
BELGELER LİSTESİ

(PAS D'ORIGINAUX, UNIQUEMENT DES COPIES)
(NO ORIGINAL DOCUMENTS, ONLY PHOTOCOPIES)
(BELGELERİN ASLI DEĞİL SADECE ÖRNEKLERİ)

(Voir chapitre VII de la note explicative. Joindre copie de toutes les décisions mentionnées sous ch. IV et VI ci-dessus. Se procurer, au besoin, les copies nécessaires, et, en cas d'impossibilité, expliquer pourquoi celles-ci ne peuvent pas être obtenues. Ces documents ne vous seront pas retournés.)
(See Part VII of the Explanatory Note. Include copies of all decisions referred to in Parts IV and VI above. If you do not have copies, you should obtain them. If you cannot obtain them, explain why not. No documents will be returned to you.)
(Açıklayıcı Not'un VII. Bölümüne bakınız. Yukardaki IV ve VI. alt bölümlerde belirtilen bütün kararların örneğini ekleyiniz. Eğer bu belgeler elinizde yoksa temin ediniz. Eğer temin edemiyorsanız bunun nedenini açıklayınız. Gönderdiğiniz belgeler size geri verilmeyecektir.)

21.

a) ....
b) ....
c) ....

VIII- DÉCLARATION ET SIGNATURE
DECLARATION AND SIGNATURE
BİLDİRİM VE İMZA

(Voir chapitre VIII de la note explicative)
(See Part VIII of the Explanatory Note)
(Açıklayıcı Not'un VIII. Bölümüne bakınız)

22. Je déclare en toute conscience et loyauté que les renseignements qui figurent sur la présente formule de requête sont exacts.

I hereby declare that, to the best of my knowledge and belief, the information I have given in the present application form is correct.

Bu başvuru formunda vermiş olduğum bilgilerin doğru olduğunu bilgim ve inancım dahilinde beyan ederim.

Lieu/Place/Yer..
Date/Date/Tarih ....

(Signature du/de la requérant(e) ou du/de la représentant(e))
(Signature of the applicant or of the representative)
(Başvurucunun veya temsilcinin imzası)

(Tur) (02/10/2002)

AÇIKLAYICI NOT
Sözleşme'nin 34. maddesine göre
başvuru formunu dolduracak kişiler için
GİRİŞ

Bu notlar, Mahkeme'ye başvurunuzu gerçekleştirmenizde size yardımcı olmak amacıyla hazırlanmıştır. **Formu doldurmadan önce lütfen dikkatle metnin tümünü okuyunuz** ve her bölümü doldururken bu notları gözönünde bulundurunuz.

Doldurulmuş form, Sözleşme'nin 34. maddesine göre **Mahkeme'ye başvuru formunuz olacaktır.** Mahkeme davanızı incelerken bu formu temel alacaktır. Bu nedenle, daha önceki yazışmanızda Mahkeme Yazı İşleri Müdürlüğü'ne vermiş olduğunuz bilgilerin yinelenmesi mahiyetinde de olsa, formu eksiksiz ve doğru doldurmanız önemlidir.

Form sekiz bölümden oluşmaktadır. Başvurunun Mahkeme İç Tüzüğü'nün gerektirdiği tüm bilgileri içermesi için bütün bölümlerin doldurulması gereklidir. Aşağıda formun her bölümüne ilişkin açıklayıcı bilgiler bulacaksınız. Bu bilgilerin sonuna Mahkeme İç Tüzüğü'nün 45. ve 47. maddelerinin metni de eklenmiştir.

BAŞVURU FORMU NASIL DOLDURULUR?

I. TARAFLAR - Madde 47.1 (a), (b) ve (c)
(1-13)

Eğer başvurucu sayısı birden fazlaysa, bu bölümlerde istenen bilgiler, gereğinde her bir başvurucu için ayrı sayfa kullanarak verilmelidir.

Her başvurucu kendisini temsil etmek üzere bir kişiyi vekil olarak belirleyebilir. Bu temsilci, Sözleşme'ye taraf olan ülkelerden birinde oturan bir avukat ya da Mahkeme'nin kabul ettiği diğer bir kişi olabilir. Eger başvurucu kendisine bir temsilci belirlemişse, temsilciye ilişkin bilgiler başvuru formunun bu bölümünde verilmelidir. Bu durumda Mahkeme Yazı İşleri sadece temsilciyle yazışır.

II. OLAYLARA İLİŞKİN AÇIKLAMA - Madde 47.1 (d)

(14)

Şikayette bulunduğunuz olayları açık bir sekilde, gerekli ayrıntıları atlamadan, özlü biçimde anlatınız. Olayları, tarih sırasıyla ve kesin tarihleri belirterek anlatınız. Şikayetleriniz birden çok konu ile ilgiliyse (örneğin değişik mahkeme prosedürleri varsa), her durumu ayrı ayrı ele alınız ve açıklayınız.

III. ÖNE SÜRÜLEN AYKIRILIKLARA VE İLGİLİ DAYANAKLARINA İLİŞKİN AÇIKLAMA

(15) - Madde 47.1 (e)

Formun bu bölümünde Sözleşme'ye göre şikayetinizin ne olduğunu olabildiğince açık belirtiniz. Sözleşme'nin hangi hükümlerine dayandığınızı ve formun II. Bölümünde açikladığınız olayların niçin bu hükümlere aykırı düştüğü görüşünde olduğunuzu açıklayınız.

Sözleşme maddelerinden bir kısmının güvence altına alınan haklara belli koşullarda müdahale edilmesini öngördüğünü göreceksiniz (Örnegin 5. maddenin 1. fikrasının a-f bentlerine ve 8. 9. 10 ve 11. maddelerin 2. fikralarına bakınız). Böyle bir maddeye dayanıyorsanız, şikayetinize konu olan müdahaleyi niçin haksız bulduğunuzu açıklayınız.

IV. SÖZLEŞME'NIN 35. MADDESİNİN 1. FIKRASINA İLİŞKİN AÇIKLAMA - Madde 47.2 (a)

(16-18)

Bu bölümde ulusal makamlar önünde izlediğiniz çözüm yollarını tam olarak açıklamanız gerekmektedir. Bu bölümdeki üç alt bölümü doldurunuz ve her ayrı şikayet için gerekli bilgileri ayrı ayrı veriniz. 18. maddede hakkınızı arayabileceğiniz ve kullanmadığınız başka başvuru ya da çözüm yolu bulunup bulunmadığını bildiriniz. Böyle bir çözüm yolu varsa ne olduğunu belirtiniz (yani başvurunun yapılabileceği mahkeme ya da makamın adını veriniz) ve bu yolu niçin kullanmadığınızı açıklayınız.

V. BAŞVURUNUN AMACINA İLİŞKİN AÇIKLAMA - Madde 47.1 (g)

(19)

Burada Mahkeme'ye başvurmakla ne elde etmek istediğinizi kısaca belirtiniz.

VI. ÖTEKİ ULUSLARARASI İŞLEMLERE İLİŞKİN AÇIKLAMA - Madde 47.2 (b)

(20)

Burada, başvurunuzdaki şikayetlerinizi bir başka uluslararası organa iletip

iletmediğinizi belirtiniz.
Böyle bir başvurunuz varsa, şikayetinizi sunduğunuz mercinin adını, yapılan işlemlerin tarih ve ayrıntılarını ve
alınan kararların ayrıntılarını içeren tüm bilgileri veriniz. İlgili kararların ve öteki belgelerin kopyalarını da
eklemeniz gerekir.

VII. BELGELER LİSTESI - Madde 47.1 (h)

(21) (ASILLAR DEGIL, SADECE ÖRNEKLERİ)
Başvuru formunun IV ve VI. bölümlerinde değinilen tüm hüküm ve kararlara yer vermeyi ve listenize
eklemeyi unutmayınız ve Mahkeme'nin belge olarak gözönüne almasını istediginiz tutanaklar ve tanık ifadeleri
gibi başka belgeleri de ilave ediniz. Bir mahkeme yada başka bir makamca verilen kararların sadece hüküm
kısmını değil, gerekçeleriyle birlikte tam metnini ekleyiniz. Sadece Mahkeme'ye yaptığınız şikayetlere ilişkin
belgeleri gözönünde bulundurunuz.

VIII. BİLDİRİM VE İMZA - Madde 45.3

(22)

Eger başvuru formu, bizzat başvurucu tarafından değil, temsilcisi tarafindan imzalanmışsa, başvurucu
tarafindan imzalanmış (daha önce Yetki Belgesi veya dengi bir Vekaletname, Mahkeme Yazı İşleri'ne
gönderilmemiş ise) ve temsilciyi vekil atayan bir Yetki Belgesi de eklenmelidir.

MAHKEME İÇ TÜZÜĞÜ
Madde 45
(İmzalar)

1. Sözleşmenin 33. veya 34. maddeleri çerçevesinde yapılan tüm başvurular yazılı olarak yapılır ve başvurucu veya temsilcisi tarafından imzalanır.
2. Hükümet dışı kuruluşlar ve kişi grupları tarafından yapılmış bir başvuru, kuruluşu ve grubu temsil etmeye yetkilendirilmiş kişiler tarafından imzalanır. İlgili daire veya komite, başvuruyu imzalayan kişilerin yetkileri hakkındaki ihtilafları çözüme bağlar.
3. Eğer bir başvurucu, Mahkeme İç Tüzüğü 36. maddesine uygun olarak temsil ediliyorsa, temsilci veya temsilcileri yazılı vekalet veya yetki belgesi sunmalıdırlar.

Madde 47
(Kişisel başvuruların içeriği)

1. Sözleşmenin 34. maddesinin çerçevesinde yapılan her başvuru, ilgili daire başkanı aksine karar vermedikçe, Yazı İşleri Müdürlüğü'nden temin edilen başvuru formu ile yapılır. Başvuru formu şu bilgileri içerir:
   a) başvurucunun ad ve soyadı, doğum tarihi, uyruğu, cinsiyeti, mesleği ve adresi ;
   b) varsa temsilcisinin adı, soyadı, mesleği ve adresi ;
   c) hangi Yüksek Sözleşmeci Taraf veya Taraflar aleyhine başvurunun yöneltildiği ;
   d) olaylara ilişkin kısa bir açıklama ;
   e) Sözleşme ile ilgili öne sürülen ihlal veya ihlallerin ve bu iddiaların gerekçelerine ilişkin kısa biraçıklama ;
   f) başvurucu tarafından Sözleşmenin 35. maddesinin 1. fıkrasında öngörülen kabul edilebilirlik koşullarının başvurucu tarafından yerine getirilip getirilmediğine ilişkin kısa bir açıklama (iç hukuk yolların tüketilmesi ve altı aylık sürenin dikkate alınması);
   g) başvurunun konusuna ilişkin açıklamalar eklenir;

   ve şu belgeler sunulur:
   h) başvuru konusuyla ilgili her türlü gerekli belgenin ve özellikle yargı kararlarının ve diğer kararların birer örneği.
2. Ayrıca başvurucu:
   a) bu maddenin 1 h) bendinde düzenlenen Sözleşmenin 35. maddesinin 1. fıkrası uyarınca başvuruların kabul edilebilirlik koşullarının (iç hukuk

yolların tüketilmesi ve altı aylık sürenin dikkate alınması) oluştuğunu saptamaya yarayacak her türlü belge ve kararı sunmalıdır ;

b) bu şikayetlerini, başka bir uluslararası yargı veya çözüm makama sunup sunmadığına dair bilgi vermelidir.

3. Kimliğinin açıklanmasını istemeyen başvurucu, bu talebini açıkça belirtmek ve Mahkeme önünde kural olarak yargılamanın açıklığı ilkesinin aksine karar almayı gerektiren bu talebini destekleyen gerekçeleri sunmak zorundadır. Daire başkanı, istisnai durumlarda ve gizliliği gerektirecek nedenlerin varlığı halinde, başvurucunun kimliğinin açıklanmamasına izin verebilir.

4. Bu maddenin 1. ve 2. fıkrasında yer alan hükümlere uyulmaması durumunda, başvuru, Mahkeme tarafından incelenemez.

5. Kural olarak başvurunun kayıt tarihi, başvuru konusunu -çok kısa olsa dahi- içeren ilk mektup tarihi sayılır. Ancak, Mahkeme uygun gördüğü taktirde başka bir tarihi kayıt tarihi olarak kabul edebilir.

6. Başvurucu, adres bilgileri ve dilekçesinde sunduğu olaylara ilişkin tüm değişikliklerle ilgili olarak Mahkeme'yi bilgilendirmek zorundadır.

EUROPEAN COURT OF HUMAN RIGHTS
AVRUPA İNSAN HAKLARI MAHKEMESİ
AUTHORITY[1]/ YETKİ BELGESİ

I, ...
Aşağıda imzası olan ben,

(name and address of applicant)
(başvuranın adı ve adresi)

hereby authorise
bu belge ile aşağıda adı belirtilen kişi ya da kişilere yetki veriyorum:

....

....
(name and address of representative)
(temsilcinin adı ve soyadı)

to represent me in the proceedings before the European Court of Human Rights, and in any subsequent proceedings under the European Convention on Human Rights, concerning my application introduced under Article 34 of the Convention against

Bu kişi ya da kişiler beni Avrupa İnsan Hakları Mahkemesi önünde ve Avrupa İnsan Hakları Sözleşmesi'ne göre yapılabilecek her türlü usul işleminde Sözleşme'nin 34. maddesine göre

....**'ye karşı**
(respondent State)
(savunmacı hükümetin adı)

on ....

....**tarihinde**
(date of letter of introduction)
(ilk mektup tarihi)

yaptığım başvuruda temsil edecektir.

....
(place and date)
(yer ve tarih)

....
(signature)
(imza)

1 **Bu form Mahkeme nezdinde bir avukat ya da kişi tarafından temsil edilmek isteyen başvurucu tarafından doldurularak imzalanmalıdır.**

DECLARATION OF APPLICANT'S MEANS

GELİR BEYANNAMESİ

1. Name of applicant and case number:
Başvuru sahibinin adı ve başvuru dosya numarası

____

2. Are you married, divorced or single?
Medeni durumunuz nedir? (Evli, boşanmiş, bekar)

____

3. Nature of your employment, name of employer:
(if not at present employed, give details of your last employment)
İşinizin niteliği, işvereninizin adı
(çalışmıyorsanız, son çalıştığınız işinizle ilgili bilgi)

____

____

4. Details of net salary and other net income (e.g. interest from loans and investments, allowances, pensions, insurance benefits, etc.) after deduction of tax:
Maaşınız ya da varsa başka gelirinizin (örneğin faiz gelirleri, yardımlar, sigorta gelirleri vb) vergi kesildikten sonra net tutarı

____

____

5. List and value of capital assets owned by you:
(a) Immovable property (e.g. land, house, business premises)
Sahip olduğunuz varlıkların listesi ve değeri
a) Taşınmaz mallar (örneğin arazi, ev, işyeri)

____

____

(b) Movable property and nature thereof (e.g. bank balance, savings account, motor-car, valuables)
b) *Taşınır mallar ve nitelikleri (örneğin banka ekstresi, mevduat hesabı, araç, değerli eşya)*

____

____

6. List your financial commitments:
(a) Rent, mortgage and other charges
Mali yükümlülükleriniz
a) *Kira, ipotek ve diğer ödemeler*

____

____

(b) Loans and interest payable thereon
b) *Kredi ve faizler*

____

____

(c) Maintenance of dependants
c) *Bakımından sorumlu olduğunuz kişiler*

____

____

(d) Any other financial obligations
d) *Başka mali yükümlülükler*

____

____

7. What contribution can you make towards your legal representation before the European Court of Human Rights?
İnsan Hakları Mahkemesi önündeki başvurunuz ile ilgili olarak temsilinize nasıl bir katkıda bulunabilirsiniz?

____

8. The name of the person whom you propose to assist you:
(see Rule 94 in conjunction with Rule 36 §§ 4 and 5 of the Rules of Court)
Sizi temsil edecek kişinin adı (Bkz İç Tüzük, Madde 94 ve Madde 36, para. 4 ve 5)

____

I certify that the above information is correct and complete.
Yukarıda verdiğim bilgilerin doğruluğunu tasdik ederim.

Signed: *İmza*

Dated: *Tarih*

AVRUPA KONSEYİ
AVRUPA İNSAN HAKLARI MAHKEMESİ

1 Ocak 2003 tarhinden itibaren geçerli Hukuki Yardım Miktarları

A. HARÇLAR

1- Davanın hazırlanması..330 Euro

2- Mahkemenin istemi üzerine yazılı görüş vermek

a) esasa veya kabuledilebilirliğe ilişkin görüşler .... 295 Euro

b) mahkemenin istemi üzerine sunulan ek görüşler
(Esas veya Kabuledilebilirlik üzerine)..165 Euro

c) dostane çözüm ve hakkaniyete uygun tatminle ilgili sunuşlar............105 Euro

3- Mahkeme nezdinde yapılan duruşmalara ya da şahit dinleme oturumlarına katılım (hazırlıklar dahil)..300 Euro

4- Dostane çözüm müzâkerelerine yardımcı olmak..170 Euro

B. MASRAFLAR

Normal Sekreterlik masrafları
(telefon, posta, fotokopi)..60 Euro
(yukarıda gösterilen herhangi bir yekûn için önceden yetki verilmesi gerekir)

Duruşma, tanık dinleme oturumları veya dostane çözüm müzâkereleri ile ilgili yapılan yolculuk ücretleri..faturalara göre

Duruşma, tanık dinleme oturumları veya dostane çözüm müzâkereleri ile ilgili yapılan asgari
tahsisatlar..gün başına

(Tur) (02/01/2002)

Avrupa İnsan Hakları Mahkemesi'ne başvurmak isteyenler için AÇIKLAMA

I. MAHKEME HANGİ İŞLERE BAKAR?

1. Avrupa İnsan Hakları Mahkemesi, Avrupa İnsan Hakları Sözleşmesi ile güvence altına alınmış olan temel haklarının çiğnenmesinden şikayetçi olan bireylerin başvurularını belirli koşullar altında değerlendiren bir uluslararası mahkemedir. Uluslararası bir antlaşma olan Avrupa İnsan Hakları Sözleşmesi ile Avrupa devletlerinden bir çoğu, bireylerin bazı temel haklarına saygı gösterme yükümlülüğü altına girmiştir. Bu haklar, Sözleşme'de ve sadece bazı ülkelerce kabul edilmiş olan, Sözleşme'ye Ek 1, 4 ve 6 ve 7 numaralı Protokollerde gösterilmiştir. Mahkeme'ye başvuruda bulunurken, ekte bulacağınız adı geçen metinleri, ve bazı devletlerin ilgili çekincelerini incelemeniz tavsiye olunur.

2. Sözleşme'ye taraf bir devletçe, bu temel haklardan biri veya birkaçının ihlalinden ötürü kendinizi şahsen ve doğrudan mağdur olarak değerlendiriyorsanız, Mahkeme'ye şikayette bulunabilirsiniz.

3. Mahkeme, ancak Sözleşme ve Ek Protokollerinde yer alan hakların ihlaline ilişkin şikayetleri inceleyebilir. Mahkeme, ulusal yargı organlarına göre bir istinaf mahkemesi konumunda değildir ve onlar tarafından verilen kararları ne ortadan kaldırabilir, ne de değiştirebilir. Mahkeme'nin şikâyet konusu olan makam nezdinde, lehinize doğrudan bir müdahalede bulunma yetkisi de yoktur.

4. Mahkeme ancak Sözleşme'yi ve ilgili Protokolü onamış (ekteki listeye bakınız) devletlere karşı yapılan ve belirli bir tarihten sonraki olaylara ilişkin başvuruları kabul eder. Bu tarih, şikâyet edilen devlete, ve şikayetin hangi metin (bizzat Sözleşme ya da Ek Protokollerinden biri) ile güvence altına alındığına göre değişir.

5. Mahkeme'ye ancak, bir kamu otoritesinin (Parlamento, idare, mahkeme vb) sorumluluk alanına giren işlemlerinden dolayı şikâyette bulunabilirsiniz. Mahkeme özel kişi veya kuruluşlara karşı yapılan şikâyetlere bakmaz.

6. Sözleşme'nin 35. maddesi 1. paragrafı gereğince, Mahkeme'ye ancak iç hukuk yolları tüketildikten ve nihai karar tarihinden itibaren altı ay içinde başvurulabilir. Bu kabul edilirlik koşullarına uymayan bir başvuru Mahkeme tarafından incelenemez.

7. Bu nedenle, Mahkeme'ye başvurmadan önce ilgili devletin hukuk sisteminin sunduğu ve şikayetinizin konusunu oluşturan duruma çözüm getirebilecek tüm hukuk yollarını denemiş olmanız şarttır. Aksi halde, bu yolların etkisiz kaldığını kanıtlamanız gerekecektir. Dolayısıyla önce, en yüksek dereceli mahkemeye kadar tüm yetkili ulusal yargı organlarına başvurmanız, ve onlar önünde Mahkeme'ye sunmayı düşündüğünüz şikayeti, en azından özü itibariyle dile getirmiş olmanız gereklidir.

8. İç hukuk yolları tüketilirken, ulusal mevzuatın öngördüğü usule, ve özellikle de süreye ilişkin kurallara uygun hareket edilmelidir. İç hukuk yollarını tüketmek üzere yaptığınız başvurular, size yükletilebilecek bir kusurla, örneğin süre, görev veya usul yönünden reddedilirse, Mahkeme başvurunuzu inceleyemeyecektir.

9. Bununla birlikte, bir mahkeme kararından, özellikle bir mahkumiyetten şikayetçi iseniz, olağan kanun yollarını kullandıktan sonra muhakemenin iadesi yoluna başvurmanız şart değildir. Ayrıca, af talebinde bulunmuş olmak, ya da yargı dışı çözüm yolu aramak da gerekli değildir. Bu çerçevede parlamentoya, devlet başkanına, hükümete, bakanlıklara veya "ombudsman" lara sunulan dilekçeler, kullanılması şart iç hukuk yolu niteliğinde sayılmaz.

10. Yetkili en yüksek ulusal yargı merciinin verdiği karardan itibaren Mahkeme'ye başvurmak için altı aylık süreniz vardır. Bu süre, muhakemenin iadesi, af ve veya herhangi bir başka mercie yaptığınız yargı dışı çözüm talebinin reddinden itibaren değil, ulusal yargı usulünün olağan akışında nihai kararının size veya avukatınıza tebliğinden itibaren işlemeye başlar.

11. Altı aylık süre Mahkeme'ye sunduğunuz, ve özet olarak da olsa şikayetinizin konusunu açıklıkla dile getirdiğiniz ilk mektupla veya doldurulmuş başvuru formunun gönderilmesiyle kesilir. Sadece bilgi isteyen bir mektup altı aylık süreyi kesmez.

II. MAHKEME'YE NASIL BAŞVURULUR ?

12. Mahkeme'nin resmi dilleri fransızca ve ingilizcedir, ancak size daha kolay geliyorsa, Mahkeme Yazı İşleri Müdürlüğü'ne Sözleşme'yi imzalamış devletlerin resmi dillerinde de yazabilirsiniz.

13. Mahkeme'ye faksla veya elektronik posta ile yapılacak başvurular daha

sonra posta ile gönderilecek başvuru metniyle teyid edilmedikçe geçerli sayılmayacaktır. Şikayetinizi sözlü olarak açıklamak için Strasbourg'a bizzat gelmenize gerek yoktur.

14. Başvurunuzla ilgili bütün yazışmalar aşağıdaki adrese gönderilmelidir:

Monsieur le Greffier de la
Cour européenne des Droits de l'Homme
Conseil de l'Europe
F-67075 STRASBOURG CEDEX.

15. İlk mektubunuz veya başvuru formunuzun alınmasından sonra, Mahkeme Yazı İşleri Müdürlüğü size cevabında, adınıza geçici başvuru numarası taşıyan bir dosya açıldığını bildirecektir. Bu numara, daha sonraki bütün yazışmalarda yer almalıdır. Daha sonra, sizden şikayetinize ilişkin belge, bilgi veya tamamlayıcı açıklamalar talep edilebilir. Bununla birlikte, Mahkeme Yazı İşleri Müdürlüğü şikayetçi olduğunuz devletin yürürlükteki hukuku hakkında bilgi veremeyeceği gibi, ulusal hukukun yorumu ve uygulanmasına ilişkin hukuki mütalaada da bulunamaz.

16. Mahkeme Yazı İşleri Müdürlüğü ile yazışmalarınızda sizden istenenleri zamanında ve tam olarak yerine getirmeniz yararınıza olacaktır. Yanıt vermemeniz veya her türlü gecikme dosyanızın incelenmesinin devamı ile ilgili iradenizi sürdürmediğiniz değerlendirmesine yol açabilir. Dolayısıyla, size gönderilen başvuru formunu bir yıl içinde doldurup geri göndermezseniz, ya da Mahkeme Yazı İşleri Müdürlüğü'nün size gönderdiği mektuplara zamanında ve gerektiği gibi cevap vermezseniz, geçici başvuru dosyanız yok edilecektir.

17. Eğer şikayetlerinizin Sözleşme veya Ek Protokoller ile güvence altına alınan haklarla ilgili olduğunu ve yukarıda sayılan koşulları yerine getirdiğinizi düşünüyorsanız, başvuru formunu özenle ve okunaklı bir biçimde doldurarak, en geç altı hafta içinde Mahkeme Yazı İşleri Müdürlüğü'ne gönderiniz.

18. Mahkeme İç Tüzüğü'nün 47. maddesi gereğince başvuru formu aşağıda belirtilenleri kapsamalıdır:

a. Şikâyetlerinizin, ve dayandıkları olayların özeti,

b. Sözleşme ile güvence altına alınan haklarınızdan hangilerinin ihlal edildiğini düşündüğünüz konusunda açıklama,

c. İç hukuk yollarını tüketmek için hangi makamlara başvurduğunuz konusunda bilgi,

d. Şikâyet konusu olayla ilgili olarak kamusal mercilerce verilmiş kararların bir listesi. Bu listede, ilgili kararların tarihi, kısa özeti, kararı alan makamın adı da yer almalıdır. Mektubunuza bu kararların birer kopyası eklenmelidir. (Gönderdiğiniz belgeler size iade edilmeyeceğinden, belgelerin asıllarını değil, yalnızca suretlerini göndermeniz rica olunur).

19. Mahkeme İç Tüzüğü'nün 45. maddesine göre, başvuru formu bizzat tarafınızdan veya temsilciniz tarafından imzalanmış olmalıdır.

20. Kimliğinizin açıklanmasını istemiyorsanız, bunu belirtmeniz ve yargılamanın aleniyeti ilkesinin istisnası niteliği taşıyan bu talebi gerekçelendirmeniz gereklidir. Mahkeme kimliğin saklı tutulması taleplerini istisnai durumlarda ve ancak gerekçesini haklı bulursa kabul edebilir.

21. Mahkeme'ye bir avukat veya temsilci aracılığıyla başvurmak isterseniz, başvuru formuna ek olarak bir yetki belgesi sunmanız gereklidir. Bir tüzel kişiyi (şirket, dernek vb) veya bir grup bireyi temsil eden kişi, yasal temsilcilik sıfatını kanıtlamalıdır. İlk başvurunun yapılması sırasında temsilcinizin mutlaka avukat olması gerekmez. Ancak, özel muafiyet durumları hariç, usulün ileri aşamalarında başvurucu, Sözleşme'yi imzalamış devletlerde avukatlık mesleğini icra ile yetkilendirilmiş bir kişi tarafından temsil edilmelidir. Avukatın Mahkeme'nin resmi dillerinden birini (ingilizce ve fransızca) en azından anlama düzeyinde kullanabilmesi gereklidir.

22. Mahkeme başvurunuzun hazırlanması amacıyla avukat tutmanız için adli yardım sağlamaz. Mahkeme önündeki usulün ileri aşamalarında (başvurunun davalı hükümete yazılı görüş alınması amacıyla iletilmesi kararı) avukat tutmak için maddî imkânınız yoksa ve Mahkeme davanızın görülebilmesi için gerekli buluyorsa, adli yardımdan yararlanabilirsiniz.

23. Mahkeme'de başvurular ücretsiz incelenmekte olup, dosyanızın gidişatı ile ilgili bilgiler size Yazı İşleri Müdürlüğü tarafından bildirilecektir. Usul, en azından başlangıçta yazılıdır ve bu nedenle Mahkeme'ye bizzat gelmeniz gerekmemektedir.

(Tur) (15.01.2003)

İMZA TARİHLERİ

DEVLET	SÖZLEŞME	PROTOKOL No. 1	PROTOKOL No. 4	PROTOKOL No. 6	PROTOKOL No. 7
Almanya	05.12.1952	13.02.1957	01.06.1968	05.07.1989	-
Andorra	22.01.1996	-	-	22.01.1996	-
Arnavutluk	02.10.1996	02.10.1996	02.10.1996	21.09.2000	02.10.1996
Avusturya	03.09.1958	03.09.1958	18.09.1969	05.01.1984	14.05.1986
Azerbaycan	15.04.2002	15.04.2002	15.04.2002	15.04.2002	15.04.2002
Belçika	14.06.1955	14.06.1955	21.09.1970	10.12.1998	-
Bosna Her.	12.07.2002	12.07.2002	12.07.2002	12.07.2002	12.07.2002
Bulgaristan	07.09.1992	07.09.1992	04.11.2000	29.09.1999	04.11.2000
Çek Cum.	18.03.1992	18.03.1992	18.03.1992	18.03.1992	18.03.1992
Danimarka	13.04.1953	13.04.1953	30.09.1964	01.12.1983	18.08.1988
Ermenistan	26.04.200	26.04.200	26.04.200	26.04.200	
Estonya	16.04.1996	16.04.1996	16.04.1996	17.04.1998	16.04.1996
Finlandiya	10.05.1990	10.05.1990	10.05.1990	10.05.1990	10.05.1990
Fransa	03.05.1974	03.05.1974	03.05.1974	17.02.1986	17.02.1986
Gürcistan	20.05.1999	07.06.02	13.04.2000	13.04.2000	13.04.2000
Hırvatistan	05.11.1997	05.11.1997	05.11.1997	05.11.1997	05.11.1997
Hollanda	31.08.1954	31.08.1954	23.06.1982	25.04.1986	-
İngiltere	08.03.1951	03.11.1952	-	20.05.1999	-
İrlanda	25.02.1953	25.02.1953	29.10.1968	24.06.1994	03.08.2001
İspanya	04.10.1979	27.11.1990	-	14.01.1985	-
İsveç	04.02.1952	22.06.1953	13.06.1964	09.02.1984	08.11.1985
İsviçre	28.11.1974	-	-	13.10.1987	24.02.1988
İtalya	26.10.1955	26.10.1955	27.05.1982	29.12.1988	07.11.1991
İzlanda	29.06.1953	29.06.1953	16.11.1967	22.05.1987	22.05.1987
Kıbrıs	06.10.1962	06.10.1962	03.10.1989	19.01.2000	-
Letonya	27.06.1997	27.06.1997	27.06.1997	07.05.1999	27.06.1997
Lihtenştayn	08.09.1982	14.11.1995	-	15.11.1990	-
Litvanya	20.06.1995	24.05.1996	20.06.1995	08.07.1999	20.06.1995
Lüksemburg	03.09.1953	03.09.1953	02.05.1968	19.02.1985	19.04.1989
Macaristan	05.11.1992	05.11.1992	05.11.1992	05.11.1992	05.11.1992
Makedonya	10.04.1997	10.04.1997	10.04.1997	10.04.1997	10.04.1997
Malta	23.01.1967	23.01.1967	05.06.02	26.03.1991	15.01.2003
Moldova	12.09.1997	12.09.1997	12.09.1997	12.09.1997	12.09.1997
Norveç	15.01.1952	18.12.1952	12.06.1964	25.10.1988	25.10.1988
Polonya	19.01.1993	10.10.1994	10.10.1994	30.10.2000	04.12.2002
Portekiz	09.11.1978	09.11.1978	09.11.1978	02.10.1986	-
Romanya	20.06.1994	20.06.1994	20.06.1994	20.06.1994	20.06.1994
Rusya	05.05.1998	05.05.1998	05.05.1998	-	05.05.1998
San Marino	22.03.1989	22.03.1989	22.03.1989	22.03.1989	22.03.1989
Slovak Cum.	18.03.1992	18.03.1992	18.03.1992	18.03.1992	18.03.1992
Slovenya	28.06.1994	28.06.1994	28.06.1994	28.06.1994	28.06.1994
Türkiye	18.05.1954	18.05.1954	-	-	-
Ukrayna	11.09.1997	11.09.1997	11.09.1997	04.04.2000	11.07.1997
Yunanistan	28.11.1974	28.11.1974	-	08.09.1998	29.10.1987

Sözleşme ve Ek Protokol No. 1 ile İlgili Çekinceler

27. Türkiye

"Sözleşme ve Ek Protokol incelenmiş, Türkiye Büyük Millet Meclisi tarafından 10 Mart 1954 tarihinde oylanan 6366 sayılı Kanun hükümleri gereğince, Ek Protokol'ün ikinci maddesine konulan çekince saklı kalmak üzere kabul edilmiştir".

6366 sayılı Kanun'un 3. maddesi:

"Ek Protokol'ün 2. maddesi, 3 Mart 1924 tarihli, 430 sayılı Tevhid-i Tedrisat Kanunu hükümlerine halel getirmez".

DAİRELERİN OLUŞUMU

	DAİRE I	DAİRE II	DAİRE III	DAİRE IV
Başkan	M. C.L. Rozakis	M. J.-P. Costa	M. G. Ress	Sir Nicolas Bratza
Başkan Yardımcısı	Mr P. Lorenzen	M. A.B. Baka	M. I. Cabral Barreto	M. M. Pellonpää
	M. G. Bonello	M. L. Wildhaber	M. L. Caflisch	Mme E. Palm
	Mme F. Tulkens	M. G. Jörundsson	M. P. Kuris	Mme V. Straznicka
	Mme N. Vajic	M. L. Loucaides	M. R. Türmen	M. M. Fischbach
	M. E. Levits	M. C. Birsan	M. B. Zupancic	M. J. Casadevall
	Mme S. Botoucharova	M. K. Jungwiert	M. J. Hedigan	M. R. Maruste
	M. A. Kovler	M. H. Butkevych	Mme M.T.-Nikolovska	M. S. Pavlovschi
	M. V. Zagrebelsky	Mme W. Thomassen	Mme H.S. Greve	M. L. Garlicki
	Mme E. Steiner	M. M. Ugrekhelidze	M. K. Traja	M. J. Borrego Borrego
		Mme A. Mularoni	Mme A. Gyulumyan	
Daire Kayıt Memuru	M. E. Fribergh	Mme S. Dollé	M. V. Berger	M. M. O'Boyle
Memuru Yardımcısı	M. S. Nielsen	M. L. Early	M. M. Villiger	Mme F. Elens-Passos

2.6.2003

MAHKEMENİN OLUŞUMU[1]

Öncelik sırasına göre

M. Luzius WILDHABER, Başkan (İsviçre)
M. Christos ROZAKIS, Başkan Yardımcısı (Yunanistan)
M. Jean-Paul COSTA, Başkan Yardımcısı (Fransa)
M. Georg RESS, Daire Başkanı (Almanya)
Sir Nicolas BRATZA, Daire Başkanı (İngiltere)
M. Gaukur JÖRUNDSSON (İzlanda)
M. Giovanni BONELLO (Malta)
Mme Elisabeth PALM (İsveç)[2]
M. Lucius CAFLISCH (İsviçre)[3]
M. Loukis LOUCAIDES (Kıbrıs)
M. Pranas KÛRIS (Litvanya)
M. Ireneu CABRAL BARRETO (Portekiz)
M. Riza TÜRMEN (Türkiye)
Mme Françoise TULKENS (Belçika)
Mme Viera STRÁŽNICKÁ (Slovakya)
M. Corneliu BÎRSAN (Romanya)
M. Peer LORENZEN (Danimarka)
M. Karel JUNGWIERT (Çek Cumhuriyeti)
M. Marc FISCHBACH (Lüksemburg)
M. Volodymyr BUTKEVYCH (Ukrayna)
M. Josep CASADEVALL (Andora)
M. Boštjan ZUPANČIČ (Slovenya)
Mme Nina VAJIČ (Hırvatistan)
M. John HEDIGAN (İrlanda Cumhuriyeti)
Mme Wilhelmina THOMASSEN (Hollanda)
M. Matti PELLONPÄÄ (Finlandiya)
Mme Margarita TSATSA-NIKOLOVSKA (Eski Yugoslavya Cumhuriyeti Makedon vatandaşı)
Mme Hanne Sophie GREVE (Norveç)
M. András BAKA (Macaristan)
M. Rait MARUSTE (Estonya)
M. Egils LEVITS (Letonya)
M. Kristaq TRAJA (Arnavutluk)
Mme Snejana BOTOUCHAROVA (Bulgaristan)
M. Mindia UGREKHELIDZE (Gürcistan)
M. Anatoly KOVLER (Rusya)
M. Vladimiro ZAGREBELSKY (Italya)

Mme Antonella MULARONI (San Marino)
Mme Elisabeth STEINER (Avusturya)
M. Stanislav PAVLOVSCHI (Moldova)
M. Lech GARLICKI (Polonya)
M. Javier BORREGO BORREGO (İspanya)
[Mme Elisabet FURA-SANDSTRÖM (İsveç)]
Mme Alvina GYULUMYAN (Ermenistan)
M. Khanlar HAJIYEV (Azerbaycan)
M. Paul MAHONEY, Kayıt Memuru (İngiltere)
M. Erik FRIBERGH, Kayıt Memuru Yardımcısı (İsveç)

1. Bosna-Hersek'i temsilen görev yapacak hakimin yeri şuanda boş durumdadır.
2. Hakim Palm, 2 Nisan 2003 tarihinde yerine başkan olarak seçilen Hakim Elisabet Fura-Sandström, görevi devralana kadar yerini koruyacaktır.
3. Liechtenstein.adına hakim olarak seçilmiştir.

Kürt İnsan Hakları Projesi'ne Mali Destek Veren Kuruluşlar

Kürt İnsan Hakları Projesi çalışmalarına verdikleri mali desteklerden dolayı aşağıda isimleri yazılı kurumlara şükranlarını sunar;

Bishop's Commission for MISEREOR (Almanya)

The John Merck Fund (ABD)

The Community Fund (Birleşik Krallık)

Joel Joffe Charitable Trust

Ajahma Trust

Allan and Nesta Ferguson Trust

The Ruben and Elisabeth Rausing Trust (Brileşik Krallık)

The Bromley Trust (Birleşik Krallık)

Norwegian Ministry of Foreign Affairs (Norveç)

The Avenue Charitable Trust (Birleşik Krallık)

Stichting Cizira Botan (Hollanda)

ACAT Suisse – Action des Chrétiens pour l'Abolition de la Torture (İsviçre)

UNISON (Birleşik Krallık)

Finnish Ministry of Foreign Affairs (Finlandiya)

The Netherlands Ministry of Foreign Affairs (Hollanda)

The World Organisation Against Torture [OMCT] (İsviçre)

Oakdale Trust

The Sycamore Charitable Trust